Susi Piroué

Echt französisch kochen

Reizvolle Original-Rezepte
und Küchentips

GU
Gräfe und Unzer

Umschlag-Vorderseite
Würzige Kräuter aus dem Süden Frankreichs be-
stimmen den Geschmack der »Côtes d'agneau pro-
vençales«, Rezept Seite 39.
2. Umschlagseite
Ein erfrischender »Salade niçoise« schmeckt zu jeder Tageszeit, Rezept Seite 21.
3. Umschlagseite
Ein Sauce für Liebhaber nicht alltäglicher Genüsse: »Aioli«, Rezept Seite 61.

Susi Piroué
ist gelernte Buchhändlerin und seit vielen Jahren Redakteurin für Wein- und Kochbücher
beim Gräfe und Unzer Verlag. Das Franzö-
sischkochen lernte sie, als sie in eine französische Familie einheiratete. Bei Schwiegermut-
ter, Tante und Kusine, bei französischen
Freunden und nicht zuletzt bei den Autoren,
deren Bücher sie übersetzte, sammelt sie
schon seit vielen Jahren Rezepte – ihrem
Mann, ihren Söhnen und ihrem Freundeskreis
zuliebe. Berufliche und hausfrauliche Erfah-
rung kamen ihr bei der Abfassung dieses Rat-
gebers gleichermaßen zugute.

CIP-Kurztitelaufnahme der Deutschen Bibliothek

Piroué, Susi:

Echt französisch kochen: reizvolle Orig.-Rezepte u.
Küchentips / Susi Piroué. (Farbfotos: Fotostudio
Teubner. Zeichn.: Ingrid Schütz). – 7. Aufl. –
München: Gräfe und Unzer, 1988.

ISBN 3-7742-4208-9

7. Auflage 1988
© Gräfe und Unzer GmbH, München
Alle Rechte vorbehalten. Nachdruck, auch auszugs-
weise, sowie Verbreitung durch Film, Funk und
Fernsehen, durch fotomechanische Wiedergabe,
Tonträger und Datenverarbeitungssysteme jegli-
cher Art nur mit schriftlicher Genehmigung des
Verlages.

Herstellung: Monika Gerretz
Farbfotos: Fotostudio Teubner
Zeichnungen: Ingrid Schütz
Umschlaggestaltung: Constanze Reithmayr-Frank
Reproduktion: Brend'amour, Simhart & Co.
Satz und Druck: Appl, Wemding
Bindung: R. Oldenbourg

ISBN 3-7742-4208-9

Sie finden in diesem Buch

Sie finden in diesem Buch

Ein Wort zuvor

Mit diesem Buch möchte ich Ihnen ein Stück Lebensfreude vermitteln. Eine Lebensfreude, die laut Aussage der Reisebüros unsere Landsleute in immer größerer Zahl nach Frankreich zieht. Ich meine die französische Art zu kochen und zu essen. In diesem Land hat Essen nichts mit notwendiger Nahrungsaufnahme, Völlerei oder Protz zu tun, sondern es gehört ganz einfach zusammen mit der Liebe zum Angenehmsten, was das Leben zu bieten hat. Und da die Liebe ja bekanntlich durch den Magen geht, können wir gleich beim Thema Essen bleiben . . .

Viele denken bei französischer Küche nur an die Drei- und Vier-Sterne-Super-Gourmet-Restaurants mit ihren ausgefallenen Gerichten, auf die wir sicherlich nicht immer Appetit haben und die wir uns schon gar nicht nachzukochen trauen. Doch gibt es immer mehr Frankreichreisende, die die Menüs der kleinen Landgasthäuser und der Bistrots in den Nebenstraßen der Großstädte zu schätzen wissen, wo der Chef die Pastete noch selber macht und Madame das Regiment in der Küche und an der Kasse führt. Hier ißt man wie bei Dupont zu Hause. Und daß man bei Dupont nicht schlecht ißt, habe ich am eigenen Leib durch meinen französischen Mann und seine Familie erfahren dürfen.

Unsere Freunde hier genießen schon lange mit uns das Lustwandeln durch die verschiedenen Gänge eines Menüs, die Pausen dazwischen, die heitere, gelöste Atmosphäre, die sich an einem langen Abend sich steigernder Gaumenfreuden einstellt. Ein Aperitif zuvor, ein Kaffee danach, dazwischen Vorspeise, Fleisch, Käse, Dessert, Obst, von allem nicht viel, alles nicht unbedingt aufwendig und doch liebevoll und raffiniert zubereitet. Was in Frankreich der Familie Dupont und unseren Landsleuten im Urlaub das Leben so angenehm macht – dieses Geheimnis möchte ich Ihnen verraten. Für die elf Monate ohne Urlaub, für Abende mit Gästen, mit Familie oder in trauter Zweisamkeit.

Unter den Rezepten aus unserer Familie, aus französischen Kochbüchern und aus Aufzeichnungen unserer Freunde habe ich diejenigen ausgewählt, die man verwirklichen kann, ohne das Huhn selbst schlachten oder den Fisch selbst angeln zu müssen und ohne stundenlang in der Küche zu stehen. Auch die für die Gerichte notwendigen Töpfe und Pfannen sind hier erhältlich oder in vielen Haushalten schon vorhanden. Einige Tips dazu finden Sie im Kapitel »Unentbehrliche Küchengeräte« Seite 13. Die Menüs können Sie sich je nach Geldbeutel, Zeit und Anspruch selbst zusammenstellen, wie, das verrate ich Ihnen auf Seite 14ff.

Das Zutrauen zu Ihren eigenen Kochkünsten bringen Sie sicherlich mit. Die Informationen liefere ich Ihnen. Zur Ermutigung: Mein Mann und ich haben alle Rezepte selbst ausprobiert, in einer normalen kleinen Küche zubereitet und die Zutaten in Deutschland eingekauft. Für dieses Buch ausgewählt wurden nur Gerichte, die bei unseren Freunden und unserer Familie »ankamen«.

Daß auch Sie bei Ihren Freunden, bei Ihrer Familie, bei Ihren Geliebten und Verehrten »ankommen«, wünscht Ihnen

Ihre Susi Piroué

Wichtiges über die französische Küche

Die Frage, ob es »die« französische Küche gibt, ist unbedingt mit »ja« zu beantworten, denn in keinem anderen Land hat der rauhe Norden mit dem lieblichen Süden so viel gemeinsam wie in Frankreich, obwohl es natürlich auch hier regionale Besonderheiten gibt.

Regionale Besonderheiten

Gemeinsam ist allen Franzosen die Liebe zum ausgiebigen, von kundiger Hand zubereiteten Essen aus erstklassigen Zutaten, zu den unverfälschten Gaben der Natur, den Süß- und Salzwasserfischen, dem Wild oder Wildgeflügel, Gemüse, Obst und Käse und nicht zuletzt zum sauberen Landwein, den fast jede Region zu bieten hat. Die Spezialitäten aller französischen Provinzen aufzuzählen, würde den Rahmen dieses Buches sprengen, doch möchte ich Ihnen wenigstens einige Besonderheiten der französischen Regionalküche vorstellen und Sie zu einer kleinen kulinarischen Rundreise einladen. Haben Sie einmal Freude am französischen Kochen gefunden, werden Sie es sicherlich nicht versäumen wollen, bei einer Frankreichreise nach den Spezialitäten und ihren Rezepten zu fragen. Einige von ihnen finden Sie im Rezeptteil dieses Buches, andere waren zu kompliziert für den Anfang, und ich hatte Ihnen ja versprochen, nur Gerichte vorzustellen, die sich leicht verwirklichen lassen.

Beginnen wir mit der Hauptstadt. Aus **Paris** stammen zum Beispiel die Sauce béarnaise (Rezept Seite 62), die Pommes frites (Rezept Seite 60) und die Sauce Mornay, alles Werke großer Küchenmeister des vorigen Jahrhunderts, so wie die meisten Spezialitäten.

Aus **Orléans** kommt ein berühmter Essig, da die Weine der Gegend zum Trinken nicht gut genug sind.

In der **Sologne** herrschen Wildgerichte vor.

In der **Touraine**, dem Land des Dichters Rabelais, liebt man Süßwasserfische aus Loire und Cher (Alose ist ein bekannter Loirefisch), in Rotwein geschmortes Rindfleisch (Daube, Rezept Seite 37) und Ziegenkäse. Hier gibt es vor allem bei Chinon und Bourgueil gute Rotweine und bei Vouvray exzellente Weiß- und Schaumweine.

Weiter westlich in **Anjou** an der Loire wächst schon seit dem 1. nachchristlichen Jahrhundert Wein, der durch die Massenproduktion an Rosé d'Anjou etwas von seiner Reputation verloren hat, im Lande selbst jedoch sehr angenehm zu trinken ist.

Die **Bretagne**, der westlichste Zipfel Frankreichs, brilliert vor allem mit Fisch, Krustentieren und Muscheln. Berühmt sind die Austern von Belon. Eine Spezialität ist Hammelfleisch auf Buchweizenpüree, eine weitere die Crêpes, die es süß und salzig gibt und die heute schon unsere Imbißstuben erobern (Rezept Seite 66). Der Muscadet aus der Gegend von Nantes ist ein frischer Weißwein, der Cidre (meist Apfelwein, manchmal auch Birnenwein) dagegen das eigentliche Nationalgetränk, wenn er auch an den aus der Normandie nicht heranreicht.

Das liebliche Land südlich der Bretagne, **Poitou** und **Vendée**, wo man gern langsam genießt, ist für seine Süßigkeiten und Süßspeisen bekannt. Spezialität ist ein Salat aus Reis, Pilzen und Tomaten, auch ißt man gern Karpfen und Geflügel aller Art.

Die **Charentes** sind zuerst einmal und vor allem die Heimatregionen des Cognacs. Aber auch Butter, Milch, Sahne und Wein, alles Elemente der guten Küche, kommen aus diesem Gebiet. Austern aus Marennes und Muscheln (Spezialität Mouclade-Muscheln in Sahne) tragen zum kulinarischen Ruhm der Provinzen bei. Die Fischsuppe mit kleinen Fischen aus La Rochelle heißt hier Chaudrée. Eine Besonderheit ist der Pineau des Charentes, ein gestoppter Wein, dessen Gärung mit Weingeist unterbrochen wird, und den man vor dem Essen als Aperitif trinkt.

Das Land um **Bordeaux**, südlich der Charente, ist vor allem wegen seiner unvergleichlichen Weine weltberühmt, die vielfach nachgeahmt, aber nirgends erreicht werden. Weiterhin sind es die Austern aus Arcachon, die den Feinschmeckern den Mund wäßrig machen. Brillat-Savarin sagt, in alten Zeiten habe man oft 12 Dutzend davon als Vorspeise genossen.

Südlich von Bordeaux, in der **Gascogne**, befindet sich ein einmaliges Wildparadies. Eine besondere Spezialität der Gegend ist Entenleberpastete. Hier ist der Armagnac, des Cognacs bäuerlicher Bruder, zu Hause.

Im **Baskenland** und in **Béarn** nähern wir uns der spanischen Grenze. Spezialitäten sind hier das Huhn im Topf à la Henri IV (Rezept Seite 43) und eine Kohlsuppe, Garbure, mit weißen und grünen Bohnen und einem Stück eingemachtem Gänse-, Enten- oder Schweinefleisch. Garbure gibt es in vier Grundarten und vielen Variationen. Der weiße, sehr rare Jurançon ist die Weinspezialität von Béarn. Im Baskenland liebt man Ttorro, ein Fischfrikassee, Tripotch, eine Hammelwurst, und Knoblauchwürstchen, Loukinkas genannt. Die Schokolade aus Bayonne ist in ganz Frankreich begehrt.

Weiter südlich, in **Roussillon**, sind wir wieder an der Küste und damit beim Meeresgetier und dem Banyuls, einem natursüßen Dessertwein.

Foix, im Landesinneren gelegen, ist das Land der Rebhühner und Leberpasteten. In Foix entstand auch ein wichtiger Bestandteil der Feinschmeckerküche, das Mirepoix (Rezept Seite 10), Grundlage köstlicher Saucen und Suppen.

In **Périgord, Quercy** und **Rouergue**, nördlich des Languedoc, ist das Paradies der Trüffeln, der Steinpilze, ländlich-kräftiger Wurstsorten, Sülzen, des gefüllten Gänsehalses und der Gänseleberpastete, der Königin des Hors-d'œuvre. Eine üppige Küche, die mit Geflügel- und Schweinefett kocht und nicht wie nördlich der Loire mit Butter. Aus Rouergue stammt der Roquefort. Hier ist auch die Heimat des Monbazillac, des süßesten natürlichen Weines aus überreifen edelfaulen Beeren.

Languedoc ist das Land des Cassoulet, eines Eintopfs aus Gans oder Ente mit Knoblauchwurst, weißen Bohnen, Zwiebeln und Knoblauch. Die Weine kommen vom rechten Ufer der Rhône (Côtes-du-Rhône). Eine Spezialität ist der Muscat de Frontignan.

Nach Südosten zu gelangen wir in die **Provence**, wo man Mittelmeerfische in allen Zubereitungen ißt. Die Bouillabaisse (Rezept Seite 53), wie die Fischsuppe hier heißt, hat ebenso viele Variationen, wie sie Köche findet. Doch auch die Fleischgerichte, vor allem die Lamm– und Wildzubereitungen haben hier ihren besonderen Geschmack, Knoblauch und würzige Kräuter werden reichlich verwendet. Weine gibt es in allen Farbschattierungen, der rote Châteauneuf-du-Pape hat in aller Welt Freunde gefunden, doch auch die örtlichen Spezialitäten sind nicht zu verachten.

Die **Dauphiné**, das Bergland südlich von Savoyen, ist die Heimat der Gratins (überbackener Speisen) in jeder Form. Auch hier gibt es Trüffeln wie im Périgord. In Grenoble und Montélimar kommen die Liebhaber von Süßigkeiten auf ihre Kosten. Hermitage und Croze sind die berühmtesten Weine, die es in roter und weißer Version gibt.

In **Savoyen** basiert die Küche auf Sahne, Wein und Käse. Hervorragende Hasengerichte und Omeletten werden hier zubereitet. Ein Frikassee aus Schweinefleisch, Wein, Sahne und Blut gehört zu den Lieblingsspeisen der Savoyarden. Die Weine Savoyens sind meist weiß. Sie gedeihen vor allem am französischen Ufer des Genfer Sees.

Lyon gilt als *die* Stadt der Gourmets. Ihre Spezialitäten auf allen Gebieten der Kochkunst aufzählen, hieße viele Seiten füllen. Hier bekommt man den besten Beaujolais, der aus dem Hinterland von Lyon stammt.

In **Burgund** ist die Küche so gut wie der Wein, und das heißt viel, denn der rote wie der weiße Wein gehört zu den besten der Welt. Die Haute Cuisine ist hier ebenso zu Hause wie die Cuisine bourgeoise. Die Spezialitäten erstrecken sich über alle Gebiete der Kochkunst. Die Küche zeichnet sich vor allem durch ihre Mannigfaltigkeit und ihre erlesenen Saucen auf der Basis der Weine von der Côte d'Or und aus dem Chablis aus.

Die **Champagne** lebt von und für den Wein. Hier wird aber auch ein berühmter Pot-au-feu (Rezept Seite 55) bereitet.

In **Bresse** bekommt man das beste Geflügel, in Bugey Krebse, Forellen, Wild, Morcheln und Trüffeln.

Im **Jura** und der **Franche-Comté** begegnen wir wieder einem Höhepunkt der Eßkultur. Eine besondere Spezialität ist neben den Morcheln (Rezept Seite 30) der gelbe Wein, eine trockene Spätlese, die wie der Cognac mindestens neun Jahre in Eichenfässern reifen muß, bevor sie abgefüllt wird.

Das **Elsaß** hebt sich vom übrigen Frankreich durch seine eigenen Sitten und seinen eigenen Charakter ab. Zu den guten bis exzellenten Weißweinen ißt man Sauerkraut in verschiedener Form (Rezept Seite 50). Die Gänseleberpastete in Teig hat hier ihren Ursprung, wie überhaupt Gänsefleisch zu den Grundlagen der elsässischen Küche gehört. Münster und Romadour sind die typischen Käsesorten, und eine Menge süßer Mehlspeisen wie Schenkelas, Jungfraukiechlas, Eierkuchas erfreuen das Herz des Schlemmers.

In **Lothringen,** wie übrigens auch im Elsaß, ist im Gegensatz zum übrigen Frankreich das Schwein als Fleischspender beliebt. So gibt es in Lothringen auch viele exquisite Wurstspezialitäten. Der Blätterteig wurde in Lothringen erfunden. Zur deftigen Küche passen die Obstwässer, die sowohl im Elsaß als auch in Lothringen in großer Fülle und hoher Qualität hergestellt werden. Wem die Schnäpse zu hart sind, der findet delikate Liköre.

Bleibt schließlich noch der rauhe Norden Frankreichs. In **Flandern** ist schon der Übergang zur belgischen Küche zu spüren. Hochepot heißt hier der National-Eintopf mit Fisch, Schweine- oder Rindfleisch. Das Fleisch wird gern mit Süßem genossen, wie Hase mit Pflaumen oder Wurst mit Äpfeln. Dazu trinkt man hauptsächlich Bier, denn Wein wächst hier wie in der Normandie nicht.

Die **Normandie** rühmt sich des besten Cidre (Apfelweins) von Frankreich, den es in schäumender, in stiller, in herber und in süßer Form und in allen Preislagen gibt (der stille ist der beste). Die Tripes à la mode de Caen (Rezept Seite 42) sind in ganz Frankreich und auch im Ausland bekannt. Der starke Bruder des Cidre ist der Calvados, der seinen Rivalen aus Cognac und Armagnac in nichts nachsteht.

Im Norden endet auch unsere kulinarische Frankreichreise. In Paris wartet bereits der Zug nach Hause – an unseren eigenen Kochtopf, in dem schon bald etwas »echt Französisches« schmoren wird.

Vom Würzen, Marinieren und Parfümieren

Ebenso wie man in Frankreich zum Garen die kleine Hitze schätzt, so schätzt man Gewürze in kleinen Dosen. Keines darf vorschmecken, vielmehr soll jedes zusammen mit den anderen – und meistens sind es eine ganze Reihe – dem Gericht den unvergleichlichen Geschmack geben, der es von allen anderen unterscheidet.

In der französischen Küche würzt man direkt mit Kräutern, die eigentlich nirgends fehlen, und mit den üblichen Gewürzen, oder auch indirekt durch Marinieren; das heißt man legt Fleisch oder Fisch in eine gewürzte Marinade ein, so daß der Geschmack das Fleisch durchzieht. Schließlich parfümiert man gern mit Cognac, Armagnac, Calvados oder anderen aromatischen Schnäpsen.

Lassen Sie sich durch die Vielzahl der Gewürze nicht vom Französisch-Kochen abbringen. Legen Sie sich einen kleinen Vorrat zu, er reicht lange, und bedenken Sie dabei, was man aus einem bescheidenen Stückchen Fleisch oder Huhn zaubern kann, wenn man es »echt französisch« würzt.

Das Würzen mit Kräutern

In Frankreich liebt man mit Kräutern gewürzte Speisen. Vor allem die Provence liefert eine Vielzahl aromatisch duftender Kräuterarten. Am häufigsten verwendet man Lorbeer, Thymian, Rosmarin, auch Fenchel, Basilikum, Salbei, Estragon und Majoran. In den gemischten provenzalischen Kräutern ist auch Lavendelblüte und Sarriette enthalten. Sarriette verwende ich besonders gern; es ist eine Art Bergbohnenkraut und riecht besonders würzig.

Fast alle diese Kräuter gibt es getrocknet schon in unseren Supermärkten, einige spezielle in Delikateßgeschäften oder Spezialitätenläden. Vielleicht bringen Sie sich von Ihrer nächsten Frankreichreise einen kleinen Vorrat mit. Oder lassen Sie sich »Herbes de Provence« mitbringen und bereiten Sie dem edlen Spender dafür ein königliches französisches Mahl.

Gibt viel Geschmack und läßt sich leicht aus dem Gericht entfernen: das Bouquet garni.

Sehr häufig kommt in französischen Rezepten das **Bouquet garni** vor. Es ist ein Gewürzsträußchen, das zum Schluß wieder aus dem Gericht entfernt wird. Man kann es auch mit getrockneten Kräutern zusammenstellen. Frische Kräuter binden Sie einfach zu einem Sträußchen zusammen, getrocknete stecken Sie in ein Mullsäckchen, das Sie mit einem langen Faden zubinden; er hängt über den Topfrand heraus, und so läßt sich das Mullsäckchen später leicht entfernen. Bestandteile des Bouquet garni sind vor allem Thymian, Lorbeer und Petersilie, wahlweise auch etwas Fenchel.

Weitere echt französische Gewürze

Das Würzen mit Zwiebeln macht man sich in Frankreich nicht so einfach wie hier. Jede Hausfrau hat mehrere Zwiebelsorten zu Hause. Da es hierzulande meistens nur blaue oder weiße Zwiebeln, manchmal noch Gemüsezwiebeln gibt, möchte ich nicht zu weit ins Detail gehen. Blaue Zwiebeln sind milder als weiße, Gemüsezwiebeln verwende ich gern für Zwiebelmus und alle Gerichte, in denen Zwiebeln in größeren Mengen vorkommen. Einen eigenen Geschmack haben außerdem Schalotten. Man bekommt sie hier und da auf Märkten und in Spezialitätengeschäften, eine Firma bietet sie auch gefriergetrocknet an. Schalotten sehen aus wie kleine weiße Zwiebeln, es lohnt sich, sie sparsam mitzuverwenden, da sie ein etwas anderes Aroma in die Speisen bringen als gewöhnliche Zwiebeln.

Knoblauch wird gern in der französischen Küche verwendet, jedoch sparsamer als in den Balkanländern. Ausgenommen davon sind natürlich Aioli (siehe Seite 61) und Knoblauchsuppe (siehe Seite 28), die beide aus Südfrankreich stammen, wo man es würziger liebt. Um den Knoblauch feiner und diskreter zu machen, entfernt unser französischer Onkel den Keimansatz von jeder Zehe. Der Hauch von Knoblauch wird dann zum leisen Hauch.

Ein beliebtes Gewürz ist die **Vier-Gewürze-Mischung** oder »Quatre Epices«. Es gibt sie in Deutschland nicht fertig zu kaufen. Wenn man öfter französisch kocht, lohnt es sich, ein Töpfchen oder Gläschen davon auf Vorrat zu mixen. Die Mischung besteht zu drei Vierteln aus Pfeffer und zu einem Viertel aus Nelkenpulver, geriebener Muskatnuß und Ingwer. Eine Variante schreibt Cayennepfeffer statt Muskatnuß vor.

Zum Würzen von Suppen und Saucen sollten Sie unbedingt einmal **Mirepoix** versuchen: 200 g rohen Schinken (oder auch mageren Speck) schmoren Sie mit reichlich gestoßenem weißen Pfeffer nach Geschmack, je 1 Messerspitze zerriebenem Thymian und zerriebenem Basilikum, 1 Lorbeerblatt, 1 Nelke, 1 gewürfelten Karotte und 1 mittelgroßen gehackten Zwiebel möglichst lange (am besten 2 Stunden).

Alle anderen Gewürze kennt man in der deutschen Küche ebenfalls. Sie sind bei den jeweiligen Rezepten angegeben. Doch denken Sie immer daran: Viele Gewürze, doch jedes für sich sparsam verwendet, ergeben den echt französischen Goût.

Das Würzen mit Marinaden

Da man in Frankreich gern indirekt würzt und alles Hervorstechende, Aufdringliche verpönt ist, verwendet man häufig Marinaden. Diese köstlich gewürzten Mischungen, meist aus Wein, Weinessig und Kräutern, geben dem Fleisch schon vor dem Garen jenen Wohlgeschmack, der sich dann in der Hitze des Bratofens voll entfaltet. Oft wird die Marinade gar nicht mitgegessen, manchmal wird sie zur Sauce eingekocht.

Grundbestandteil fast jeder Marinade ist Rot- oder Weißwein. Nehmen Sie dafür nicht den teuersten, aber auch keinen schlecht gewordenen, umgekippten Wein. Es wäre schade um das Fleisch, wenn Sie es mit minderwertigem Wein verderben würden. Notfalls verlängere ich einen Wein besserer Qualität lieber mit etwas Wasser. Der Wohlgeschmack bleibt dann erhalten. Ein guter Weinessig ist heute in allen Geschäften zu erhalten und nicht wesentlich teurer als ein normaler. Er schmeckt jedoch um vieles besser.

Bouquet garni und alle anderen Kräuter und Gewürze haben auch in der Marinade ihren Platz. Sie können hier etwas reichlicher, jedoch immer ausgewogen, verwendet werden, weil sie ja kalt bleiben und meistens nicht mitgekocht werden. Oft gibt man auch Speck in die Marinade oder Öl, wenn das Fleisch trocken ist.

In einigen Fällen, besonders bei Hähnchen und anderem weißem Fleisch, wenn die Säure ganz besonders zart sein soll, verwendet man statt Wein verdünnten Zitronensaft für die Marinade.

Wenn Sie einmal ein paar Rezepte aus meinem Buch mit Erfolg nachgekocht haben, bekommen Sie sicher Mut, eigene Marinaden und damit eigene Zubereitungen à la française zu erfinden.

Vom Würzen mit Wein

Wein ist nicht nur Grundlage von Marinaden, er wird auch direkt in die Speisen gegeben und mit verkocht. Haben Sie keine Angst um Ihre jüngeren Familienmitglieder: Keiner bekommt einen Schwips, denn der Alkohol verflüchtigt sich nach wenigen Minuten Kochzeit. Fürchten Sie auch nicht um Ihren Geldbeutel. Es muß nicht der teuerste Wein verwendet werden, denn keiner dankt es Ihnen, wenn Sie einen Spitzenwein zur Sauce verwenden.

Zum Kochen braucht man einen sauberen, eher herben Rot- oder Weißwein. Meist eignen sich dafür Landweine der Gegend, aus der das Gericht stammt. In Frankreich wird im Essen wie zum Essen natürlich meistens Rotwein verwendet. Eine Ausnahme bilden hauptsächlich die elsässischen Gerichte, da im Elsaß fast ausschließlich Weißwein angebaut wird, außerdem manche burgundische Speisen, die man mit Chablis anrichtet. Hähnchen in Wein (Coq au vin) gibt es in Rot- und Weißweinversionen. Rindfleisch und Wild verlangen selbstverständlich nach Rotwein. Kurz: Was man zum Essen trinkt, paßt auch hinein. Und was man dazu trinkt, erfahren Sie auf Seite 16 ff. und bei den Rezepten.

Vom Parfümieren mit Cognac oder Armagnac

Cognac und Armagnac, aber auch Calvados und andere Schnäpse finden in der französischen Küche Verwendung, weil sie mit ihrem starken, jedoch flüchtigen Aroma so manchen Speisen das ganz winzig kleine, kaum wahrnehmbare Tüpfelchen auf dem i geben. Mancher wird gar nicht merken, woher dieser Wohlgeschmack kommt, und so soll's auch sein. In Pasteten (Seite 24 und 27) gehört meistens ein Schuß Schnaps, auch in manche Füllung, wie bei Canard à la solognote (Seite 48), und in die Sauce, wie beim Coq au vin (Seite 44).

Natürlich muß hier auch das Flambieren erwähnt werden, das man jedoch mäßig anwenden sollte, sonst schmeckt am Ende alles gleich. Flambieren hat vor allem da einen Sinn, wo das Aroma des Cognacs eindringen und der Alkohol verbrannt werden soll. Restaurants, in denen um der Show willen alles flambiert wird, sollte man mißtrauen.

Einige wichtige Küchentechniken

Keine Angst, französisch kochen ist nicht so schwer! Doch gibt es ein paar Tricks, die ein Gericht feiner und damit echter machen. Hier die wichtigsten:

● Trockene Fleisch- und auch Fischarten **umwickelt** man gern mit einem **dünnen Stück von ungeräuchertem Speck.** Den Speck gibt es bei uns vor allem in Wildgeschäften zu kaufen. Die Speckhülle mit Küchengarn befestigen, damit sie sich nicht vorzeitig löst!

● Das **Blanchieren** von Gemüse, Fleisch und Kalbsbries ist auch bei uns bekannt, es bedeutet nichts weiter, als das Produkt kurz in kochendes Wasser zu geben.

● Das **Wasserbad** spielt in dem Land des sanften Garens eine große Rolle, besonders für Saucen auf der Grundlage von Ei. Dafür stellt man ein kleines Gefäß in ein größeres, das zu zwei Dritteln mit kochendheißem Wasser gefüllt ist. Pasteten gart man im kochenden Wasserbad im Ofen.

● Manche Sauce muß **entfettet** werden, weil Speck oder andere fette Zutaten zum Würzen und Garen zwar richtig waren, am Ende aber die Sauce zu fett gemacht haben. Die einfach-

Die sanfteste Garmethode: das Wasserbad.

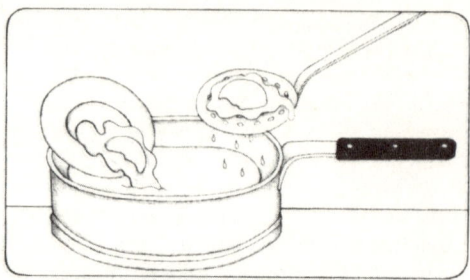

Das Pochieren von Eiern erfordert etwas Geschicklichkeit.

ste Art ist die beste: Sie schöpfen das Fett oben ab, oder aber Sie wickeln ein paar Eisstücke in Küchenkrepp und fahren damit über die Sauce. Das Fett bleibt dann an dem Papier hängen.

● Böden für diverse Kuchen und Mehl-Vorspeisen müssen **vorgebacken** werden, damit der Belag nicht in den Teig eindringt. Man bäckt dabei den Teig nur halbfertig.

● **Gebunden** werden Saucen und Suppen entweder mit Butter, die mit Mehl verknetet wurde, mit Sahne, Eigelb oder aber auch mit Blut (ganz echt, aber nicht einfach zu realisieren).

● Eier zu **pochieren** ist schwierig, denn die Eier sollen nicht zerfasern. Am besten schlägt man sie in eine Untertasse und läßt sie von dort sanft in die kochendheiße Flüssigkeit gleiten. Pochieren kann man auch Fisch und Geflügelfilet. Wichtig ist, daß die Flüssigkeit die gleiche Hitze behält, aber nicht kocht.

● Wie auch bei den Küchengeräten (Seite 13) erwähnt, ist das **Schmoren** die wichtigste Gartechnik. Je langsamer, desto besser. Daher haben sich die Töpfe mit der Vertiefung für Eisstücke im Deckel bewährt. So geht keine Flüssigkeit verloren, wenn das Gericht viele Stunden auf dem Herd steht.

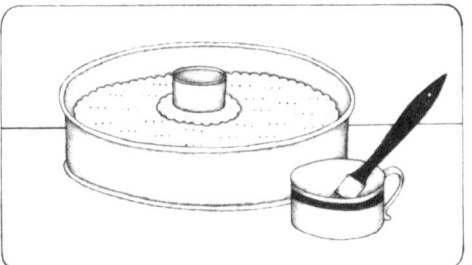

Durch den Pappschornstein kann der Dampf aus der Pastete abziehen.

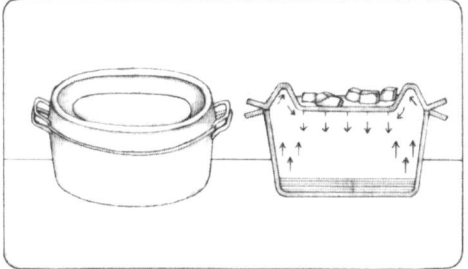

In diesem Schmortopf bleibt dank der Eisstückchen im Deckel Saftiges saftig.

● Bei manchen Pasteten muß man einen **Schornstein** in den Teigdeckel stecken, damit der Dampf abziehen kann. Wenn Sie den Papprollenkern einer Küchenkrepprolle aufheben, haben Sie gleich »Schornsteine« für mehrere Gelegenheiten.

● Das **Zunähen** und **Dressieren** von Geflügel brauche ich Ihnen nicht näher zu erläutern, da es auch in unserer Küche praktiziert wird.

● Geeignetes **Küchengarn** sollten Sie, wenn Sie französisch kochen wollen, immer vorrätig haben, ebenso wie eine nicht zu kurze **Nadel**, die nur in der Küche gebraucht wird.

Unentbehrliche Küchengeräte

Obwohl ich in der Einleitung geschrieben habe, daß man meine französischen Rezepte in jeder Küche mit normalem Zubehör verwirklichen kann, möchte ich zusammenstellen, was speziell für die französische Küche vorteilhaft und praktisch ist. Die meisten dieser Küchengeräte werden sich schon in Ihrem

Haushalt befinden, doch kann man mit dem einen oder anderen nicht nur seinen Geschirrvorrat, sondern auch seinen Küchenzettel erweitern.

Unentbehrlich und für viele Speisen zu verwenden ist der gußeiserne **Schmortopf**, da die französische Küche eine Küche der langen Garzeiten und der kleinen Hitze ist. Sehr praktisch, weil leicht zu reinigen, ist der emaillierte Schmortopf, ebenso effektiv und leichter zu bekommen der schwarze gußeiserne. Den nicht emaillierten Topf darf man nicht in die Spülmaschine geben, da die scharfen Spülmittel ihn zum Rosten bringen. Nach dem Abspülen fettet man ihn am besten mit etwas Speckschwarte ein. Sehr saftig werden die Gerichte, wenn man sich einen Topf mit einem gut schließenden vertieften Deckel kauft, in den man Eisstückchen gibt. Durch die Kälte von oben kondensiert der aus den Speisen aufsteigende Dampf und tropft wieder in das Gericht. Dadurch braucht man keine Flüssigkeit nachzugießen, und das Gericht gart wirklich im eigenen Saft.

Jede französische Hausfrau hat sie, jedoch hierzulande ist sie weitgehend unbekannt: die **Pastetenform** mit Deckel. Vielleicht wünschen Sie sich einmal eine zum Geburtstag.

Mit dem Versprechen, später die schönsten Pasteten daraus hervorzuzaubern. Die Pastetenform ist aus feuerfestem Porzellan, meist länglich oval, außen orange, innen weiß und hat einen mehr oder weniger verzierten Deckel. Wenn Sie etwas unbescheidener sein dürfen, dann wünschen Sie sich gleich einen Satz davon in verschiedenen Größen.

Ebenfalls unentbehrlich und in den meisten Haushalten vorhanden, ist die **Springform** für Vorspeisen wie Quiche lorraine oder Flan à la bourguignonne und für die verschiedenen Arten von Tartes. Für die einfachen Obstkuchen (nur Boden mit einer Lage Obst) genügen auch flache Obstkuchenformen.

Der **Dampfdrucktopf** leistet beim Kochen von Tripes (Kutteln) gute Dienste, ist aber meist entbehrlich, da es diese heute überall vorgekocht gibt. Alle anderen Gerichte mit langer Garzeit bereite ich persönlich lieber im Schmortopf zu, da der Reiz des langen Schmorens darin liegt, daß sich die Gewürze langsam gegenseitig durchdringen.

Für Pommes frites, Pommes pailles und andere in Öl gebackene Speisen ist der **Fett-Topf** mit dem eingehängten Korb unentbehrlich.

Praktisch ist ebenfalls noch eine feuerfeste **Glasschüssel**, da man in der französischen Küche das Gratinieren liebt. In ihr kann man auch Pasteten bereiten.

Sollten Sie sich nach Ihren ersten Erfahrungen mit der französischen Küche weiter auf das Pastetenfeld wagen wollen, brauchen Sie unbedingt einen elektrischen **Fleischhacker**, denn in der Pastetenküche findet nicht nur unser normales Hackfleisch Verwendung, sondern durchgedrehter Speck, Kaninchenfleisch, Hammelfleisch und vieles andere mehr, was man nicht zerkleinert zu kaufen bekommt, vor allem weil der Kundendienst immer seltener und der Einkauf im Supermarkt immer häufiger wird.

Gut wäre es, wenn Sie auch ein **Sieb** zum Durchpassieren von Saucen und Suppen hätten, am besten mit einer Handkurbel und einer Scheibe, die die Arbeit wesentlich erleichtern und verkürzen.

Scharfe Messer, Fleischgabel, Schaumlöffel und Spatel sind sowieso in den meisten Küchen vorhanden und nicht allein typisch für die französische Küche. Praktisch, wenn auch nicht unentbehrlich, ist die kleine Kaffeemaschine für das Täßchen Kaffee danach. In Frankreich haben verschiedene Modelle den Markt erobert, die auch bei uns meist erhältlich sind. Nach einem »richtigen« Menü schmeckt eben ein »richtiger« Kaffee am besten.

Das französische Menü

Als ich das erste Mal nach Frankreich kam und mein erstes französisches Restaurant betrat, machte ich einen entscheidenden Fehler. Da es schon Abend war, glaubte ich, daß ein Menü mir zuviel sei, und bestellte ein Tellergericht. Es war eine Käseomelette. Ich erntete nicht nur erstaunte Blicke von den Nachbartischen, sondern mußte eine Ewigkeit warten und zahlte unverhältnismäßig viel für die frugale Speise. An den Nebentischen wurde derweil fröhlich gegessen und getrunken, man wurde flott bedient und zahlte im Verhältnis zu dem Gebotenen nicht viel. So ist es auch heute noch. Selbst an einem Werktag in der Familie ißt man wenigstens ein kleines »Nichts« als Vorspeise, um den Magen einzustimmen, und hinterher wieder eine Kleinigkeit, um den im Glas verbliebenen Wein auszutrinken und sich langsam mit der Situation des Nicht-Essens anzufreunden.

In Frankreich liebt man das Essen so sehr, daß man sich dieser heiligen Handlung nicht ohne Vorbereitung und Ausklang widmen mag.

Zunächst einmal steht Brot auf dem Tisch. Frisch vom Bäcker, auch am Abend, auch am Sonntag. Das Brot regiert über das ganze Menü. Man ißt es vor dem Essen in der Erwartung der Vorspeise, zur Vorspeise, zum Hauptgang, als Beilage, um die Sauce aufzutunken, und schließlich behält man sich noch ein Stückchen als Vorwand für den Käse. Hierzulande gibt es nicht ständig frisches Brot, aber es gibt wenigstens Pariser Stangenbrot, man muß es sonntags eben aufbacken. Ganz so gut ist es nicht, macht aber Ihr Menü dennoch zu einem echt französischen.

Doch nun zur Speisenfolge, über die Getränke lesen Sie im folgenden Kapitel auf den Seiten 16ff.

Zuerst bringt die Hausfrau die Vorspeise. Sie kann aus Rohkostsalaten, aus Eiern, einer Vorsuppe oder einem kleinen warmen Vorgericht bestehen.

Bei festlichen Gelegenheiten gibt es einen Zwischengang mit Fisch oder Meeresfrüchten; im normalen Alltag serviert man Fisch in größeren Portionen als Hauptgericht, Meeresfrüchte wie Muscheln, Meeresschnecken und Krabben als Vorspeise.

Das Fleisch wird in manchen französischen Familien getrennt vom Gemüse gegessen. Man ißt Gemüse oder Salat (wenn man ihn nicht schon als Vorspeise gegessen hat) nach dem Fleisch. Weit weniger, als man nach den Angeboten in den Bistrots annimmt, werden Pommes frites in der Familie gegessen. Gibt es Pommes frites, dann serviert man Fleisch

(oft einen Braten) zusammen mit dem Gemüse. Reis wird nur gegessen, wenn es sich um ein baskisches oder ein exotisches Gericht handelt, sonst findet er in der traditionellen französischen Küche kaum Verwendung.

Ist man vom Hauptgang angenehm gesättigt und hat man im Glas noch ein Schlückchen Wein und auf dem Tisch noch ein angebrochenes Stück Brot liegen, dann ist es Zeit für den Käse. Käsesorten gibt es in genügender Menge in Frankreich und auch bei uns, so daß für jedes Familienmitglied auf einer kleinen Käseplatte etwas dabei sein kann.

Nach dem Käse, den man gewöhnlich in kleinsten Mengen genießt, um eben nur zu genießen, aber sich nicht zu übersättigen, ist manchem noch ein Dessert recht. Weit verbreitet, vor allem als Sonntagsnachspeise, sind verschiedenste Formen von Tartes, die nichts mit Torten zu tun haben. Es sind flache Obstkuchenböden, meist aus Mürbteig, auf denen man das Obst der Saison (Kirschen, Äpfel, Pflaumen, Birnen) mitbäckt. Natürlich gibt es auch raffiniertere, üppigere Nachspeisen, auch Crêpes mit einer süßen Füllung oder Eisspeisen, je nachdem welcher Aufwand vorgesehen ist und wieviel Zeit die Hausfrau aufbringen kann. Alltags gibt es meistens eine Schale frisches Obst, das auf französischen Märkten in außergewöhnlicher Qualität angeboten wird.

Diese Aufzählung klingt für deutsche Ohren sehr üppig, muß es aber nicht sein, denn im allgemeinen sind die einzelnen Portionen in Frankreich kleiner als hierzulande. Man ißt sich nicht gern an einem Gang satt, sondern läßt seine Geschmacksnerven ein bißchen lustwandeln. Daher gebe ich Ihnen auch keine Ratschläge für feste Menüzusammenstellungen. Sie können aus den Kapiteln dieses Buches jeweils ein Gericht entnehmen und mit anderen zusammenstellen. Wenn Sie sich dabei die Kalorienzahlen ansehen, dann kommen Sie sehr bald darauf, wie man ein kleines Menü zusammenstellen kann. Dabei ist zu beachten:

● **Der Kontrast.** Selbstverständlich werden Sie nach einer Hühnersuppe nicht ein Huhn servieren, nach einer Wildpastete keinen Hasen und vor Fisch keine Krabben. Sonst ist erlaubt, was gefällt, was schmeckt und was aufwandmäßig »drin« ist.

● **Die Menge und der Sättigungsgrad.** In einem Menü kann man herrlich ausgleichen. Wenn der Braten etwas zu knapp geraten ist, vielleicht weil sich ein zusätzlicher Gast angesagt hat, dann kann man eine üppigere Vorspeise anbieten oder schnell noch eine Tarte backen. Ist dagegen das Hauptgericht schon reichlich bemessen, dann bieten sich als Vorspeise ein Salat oder eine feine Suppe an. Zum Nachtisch reicht in diesem Fall ein Teller frisches Obst. In einem Menü kann man viel besser mit den Kalorienwerten jonglieren. Muß ein Familienmitglied fasten, kann es sich an die kalorienärmeren Gänge halten, ohne daß der hungrige Sechzehnjährige unzufrieden vom Tisch aufstehen muß.

Natürlich sollen Sie jetzt nicht von heute auf morgen Ihre Eßgewohnheiten ändern, aber vielleicht macht es Ihnen mit Hilfe dieses Buches Freude, ab und zu einmal à la française zu essen, das heißt, sich Zeit zu lassen, das Essen als eine der schönsten Beschäftigungen der Welt anzusehen, den Fernseher dabei selbstverständlich abzuschalten und Ihrer Familie und Ihren Freunden zu ein paar festlichen Stunden außer der Reihe zu verhelfen.

Getränke davor, dazu, danach

Leider – ich muß es zugeben – ist Frankreich nicht nur das Land mit der besten Küche Europas, sondern auch ein Land mit einer erschreckenden Anzahl von Alkoholikern. Mit den nun folgenden Ratschlägen für Getränke, die ein französisches Menü in seinen verschiedenen Stadien begleitet, möchte ich Sie nicht zum Alkoholiker machen. Das maßvolle Trinken zum Essen ist im Gegenteil eher gesund. Alkoholiker wird man nicht bei Tisch, sondern zwischen den Mahlzeiten. Dennoch: Kindern und Antialkoholikern rate ich, lieber ein gutes Mineralwasser (vielleicht ein echt französisches, möglichst ohne Kohlensäure) zum französischen Menü zu trinken, als süße Fruchtsäfte oder Limonaden, die unnötig viele Kalorien enthalten und oft den Geschmack der sehr fein gewürzten Speisen verderben.

Allen anderen, die hin und wieder gern ein Gläschen guten Wein schätzen und schätzen dürfen, möchte ich Hinweise geben, wie sie ein französisches Mahl auch »echt französisch« mit Getränken ausstatten und begleiten können.

Vor jeder Hauptmahlzeit gibt es zunächst einmal den Aperitif. Das Getränk vor der Vorspeise hilft die Spannung des Arbeitstages abbauen und sich auf angenehme Dinge vorbereiten. Zum Aperitif trinkt man ein Gläschen trockenen Sherry, einen Wermut oder auch ein Glas herben Weißwein, zum Beispiel aus dem Elsaß oder dem Burgund. Dem Weißwein werden in der Familie meines Mannes und wahrscheinlich nicht nur da alle möglichen bösen Eigenschaften nachgesagt; er mache aggressiv, er schade Leber und Galle, er mache zum Alkoholiker. So wird er mit

Vorsicht vor dem Essen genossen. Sein Vorteil: Man kann ihn mit zu Tisch nehmen und zum ersten Gang, wenn dieser aus einer Eier- oder Fischspeise besteht, austrinken.

Sehr beliebte Aperitifs, obwohl nicht gerade herb, sind Pernod und Ricard. Mir persönlich sind sie vor dem Essen zu süß, aber wer's mag – sie sind erfrischend und auf jeden Fall echt französisch.

Zum Hauptgang gibt es in französischen Familien – ich spreche hier nicht von einem großen Festmenü, bei dem man den Wein wechselt – eigentlich nur Rotwein, wenn es sich irgendwie einrichten läßt, ausgenommen ein paar Spezialitäten, wie Fisch oder Kutteln, zu denen man Weißwein beziehungsweise Cidre bevorzugt. Gerichte, zu denen man in Deutschland sicher Weißwein trinken würde, werden in Frankreich lieber mit Rosé serviert, so die südfranzösische Bouillabaisse und andere südliche Fischgerichte.

Bei den Rezepten habe ich jeweils Weinvorschläge gemacht. Am besten paßt meistens der Wein der Region, aus der das Gericht stammt. Diese Rotweine sind natürlich nicht alle in Deutschland erhältlich. Einen Rosé aus der Provence bekommt man überall, Bordeaux und Burgunder in verschiedenen Preislagen auch, ebenfalls Côtes-du-Rhône und Beaujolais. Grundsätzlich kann man natürlich keinen Wein durch einen anderen ersetzen, und zu einem französischen Menü schmeckt ein französischer Wein nun mal am besten.

Ein paar allgemeine Tips möchte ich Ihnen hier geben:
● Zu Suppe und Salat als Vorspeise gibt es noch keinen Wein.
● Fischgerichte und Eiergerichte verlangen nach Weißwein. Auch elsässische Spezialitäten werden mit Weißwein oder auch mit Bier serviert.

● Zu Pasteten, Schnecken, zur Quiche und anderen warmen Vorspeisen gibt es meistens schon Rotwein. Wurde Rotwein zur Marinade oder zur Sauce verwendet, trinkt man am besten den gleichen Wein zum Essen.
● Rosé paßt eigentlich immer, vor allem zu südfranzösischen Speisen. Er ist dafür nicht so ausdrucksvoll wie Rotwein.

Den Rotwein, den man zum Essen getrunken hat, trinkt man zum Käse aus. Diesen letzten Schluck für den Käse aufzuheben, lohnt sich, denn er schmeckt dann anders als zum Fleisch. Zum Obst braucht man sowieso keine Getränke. Zu Süßspeisen ebenfalls nicht, es sei denn, es gibt ein kuchenähnliches Dessert, zu dem dann schon der Kaffee gereicht wird, der normalerweise erst nachher kommt. Kaffee muß sein, und wer ihn irgendwie vertragen kann, sollte das Menü mit einem Täßchen abschließen. Zum Kaffee gibt es in Frankreich den »pousse-café«, mit dem der Kaffee besser »rutscht«: ein Gläschen Schnaps oder Likör (letzteren meist für die Damen). Die Herren ziehen entweder Cognac oder Armagnac vor oder auch ein Eau-de-vie aus Früchten, wie Calvados, den normannischen Apfelschnaps, einen Kirsch aus dem Elsaß oder einen Feigenschnaps aus den ehemaligen Kolonien in Nordafrika. Nicht zu vergessen sei dabei der Marc, ein Tresterschnaps aus den Traubenrückständen bei der Weinbereitung, den es von ordinär bis hochfein gibt. Am besten ist ein echter Marc de Bourgogne.

Nach diesem Abschluß wird in Frankreich in den meisten Familien nichts mehr getrunken. Allerdings zieht sich ein richtiges französisches Menü, mit Vergnügen genossen, sowieso meist bis tief in den Abend hinein.

Unsere Lieblingsrezepte

Unter unseren Lieblingsrezepten habe ich diejenigen ausgesucht, die sich leicht verwirklichen lassen. Die meisten Zutaten sind in normalen Geschäften, einige wenige in Spezialitätengeschäften zu erhalten. Die Rezepte haben wir alle selbst ausprobiert und so genau wie möglich beschrieben. Die Zubereitungszeiten entsprechen dem mittleren Tempo einer Durchschnittshausfrau. Wenn Sie ein Rezept zum erstenmal zubereiten oder vielleicht Anfänger in der Kochkunst sind, geben Sie lieber ein paar Minuten zu. Die Mengen sind auf einen mittelgroßen Appetit abgestimmt, sie sind leicht zu vergrößern oder zu verkleinern. Selbstverständlich sind die Mengen für die Vorspeisen knapp berechnet. Wenn Sie also ein warmes Vorgericht als Hauptgericht servieren wollen, empfehle ich Ihnen, die Zutaten zu verdoppeln.

Noch ein Tip: Wenn Sie mehrere Gänge servieren wollen, hetzen Sie sich nicht ab. Lassen Sie Ihren Gästen ruhig ein bißchen Zeit zum Plaudern. Setzen Sie sich nach dem Hauptgericht kurz zu Ihren Freunden, bevor Sie das Dessert anrichten. Nach einem solchen »echt französisch« verbrachten Abend werden Sie in Ihrem Freundeskreis sicherlich als Lebenskünstler oder -künstlerin gelten. Nicht umsonst haben wir den Ausdruck »savoir vivre« – zu leben verstehen – aus dem Französischen übernommen.

Alle Zutaten sind, wenn nicht anders angegeben, für 4 Personen berechnet.

Vorspeisen zum Einstimmen

In dieser kleinen Auswahl an leckeren Vorspeisen finden Sie relativ einfache kalte Hors-d'œuvres und Salate, ein paar etwas schwierigere Pasteten, verschiedene Vorsuppen, die zum Teil leicht (potages), zum Teil sättigend sind (soupes), und warme Vorgerichte, die Sie ohne Beilagen auch Gästen abends zum Wein servieren können, oder mit Beilagen, ebenso wie die Fischgerichte, auch als Hauptgerichte.

Da es hier nicht die gleichen Fische wie in Frankreich zu kaufen gibt, habe ich nur Fischgerichte ausgewählt, deren Zutaten einigermaßen mühelos zu bekommen sind.

Hors-d'œuvre varié

Gemischte Vorspeise

Es gibt natürlich kein allgemein verbindliches Rezept für das berühmte Hors-d'œuvre. Diese Art von Vorspeise variiert von Landschaft zu Landschaft, von Restaurant zu Restaurant, von Familie zu Familie. Ich möchte Ihnen hier nur die Elemente nennen, aus denen Sie diese beliebte Vorspeisenart, die schnell und mühelos auf den Tisch zu bringen ist, lecker und appetitanregend zusammenstellen können.

Salami

gehört sehr häufig zum Hors-d'œuvre. Auch in Deutschland gibt es jetzt schon französische Salami zu kaufen.

Schinken

Ganz echt ist natürlich Bayonne-Schinken, den es in unseren Delikateßgeschäften zu kaufen gibt, sonst tut es auch ein anderer guter roher Schinken.

Gänseleberpastete oder **geräucherter Lachs** werden einfach gekühlt zu Butter und Toast serviert.

Oliven

in jeder Form, schwarz oder grün, gefüllt oder natur, wirken appetitanregend und schmecken zum ersten Schluck Wein.

Fischkonserven

wie Makrelenfilets in Weißwein oder Ölsardinen findet man oft auf dem Vorspeisenteller.

Dazu gehört Butter und ein frisches Stangenweißbrot. Und hier noch ein paar spezielle Hors-d'œuvre-Zubereitungen:

Artischocke mit Sauce vinaigrette

1 Artischocke kochen. Aus Öl, Zitronensaft, Senf und Salz eine einfache Sauce Vinaigrette rühren. Die einzelnen Artischockenblätter in die Sauce tauchen und den fleischigen Teil der Blätter mit den Zähnen abschaben. Zum Schluß die Staubfäden entfernen und den Artischockenboden an die Tischrunde verteilen. Ebenfalls mit Vinaigrette verzehren.

Melone mit rohem Schinken

Die Schinkenscheiben in Quadrate von etwa 5 cm Seitenlänge schneiden. Die Melone halbieren, die Kerne entfernen, das Fruchtfleisch mit einem Kugelausstecher herausholen. Wer keinen Kugelausstecher hat, nimmt

Hübsch sieht es aus, wenn man das Melonenfleisch mit dem Kugelausstecher herausholt.

einen Teelöffel. Die Melonenstücke mit den Schinkenscheibchen in die Schalenhälften zurückgeben, mit Portwein übergießen. Gut gekühlt servieren.

Melone mit Portwein

Jeder Gast bekommt 1 kleine Portionsmelone. Oben einen Deckel abschneiden, die Kerne herauskratzen und die Höhlung jeweils mit 1 Gläschen Portwein füllen. Vor dem Servieren mindestens 30 Minuten in den Kühlschrank stellen. Größere Melonen halbiert servieren.

Crudités

Rohkostplatte

Wenn wir in Frankreich im Restaurant ein größeres Menü essen wollen, bestelle ich mir immer Crudités als Vorspeise. Der Rohkostteller belastet nicht, er stimmt einen im Gegenteil auf die zu erwartenden Genüsse ein. Man kann so eine Platte endlos variieren, ich gebe Ihnen hier ein paar Tips, wie Sie die Gemüse schmackhaft anmachen können.

Karotten

schaben und auf der Rohkostreibe raspeln. Mit Zitronensaft und 1 Prise Zucker anmachen. Sie können die Karotten dann auch noch mit folgender Sauce anmachen: 1 hartgekochtes Ei in Eigelb und Eiweiß trennen; das Eigelb mit 1 Teelöffel Senf, Salz und Pfeffer verrühren. Das Eiweiß hacken und mit dem Eigelb mischen. 3 Eßlöffel Öl unterrühren. Die Eiersauce über die Karotten geben und unterheben.

Sellerieknolle

schälen und raspeln. Mayonnaise mit Zitrone und Senf, Salz und Pfeffer würzen und unter den Sellerie mischen.

Weiße Rüben

raspeln. Mayonnaise mit Senf, Zitrone, Salz und Pfeffer mischen, unter die weißen Rüben heben. Gehackten Schnittlauch darüberstreuen.

Rote Rüben (rote Beten)

ergeben einen schönen Farbfleck. Sie sind fertig angemacht in Gläsern erhältlich.

Frische Wurzeln und Blätter

wie Radieschen, Rettiche, Stangensellerie, Chicorée, Endivien ergänzen die Platte je nach Jahreszeit und Geschmack.

Salade aux tomates

Tomatensalat mit Ei

Diese Vorspeise essen wir besonders gern, wenn es frische Freilandtomaten gibt. Sie paßt vor jedes Gericht.

2 Eier · 750 g Tomaten · 1 Teel. scharfer oder 2 Teel. mittelscharfer Senf nach Geschmack · 4 Eßl. Öl · Pfeffer · Salz
Pro Person etwa 170 Kalorien / 710 Joule

● Zubereitungszeit: 45 Minuten

So wird's gemacht: Die Eier hart kochen, abschrecken, pellen; etwas abkühlen lassen. • Die Tomaten waschen und in sehr feine Scheiben schneiden. Wer mag, kann die Kerne herausdrücken. •Den Senf in einer Salatschüssel mit dem Öl verrühren. Salzen, pfeffern. •Die Tomatenscheiben in die Sauce geben. Die Eier in dünne Scheiben schneiden und vorsichtig unter den Salat heben.

Champignons de Paris à la moutarde

Rohe Champignons mit Senfsauce

Eine köstliche Vorspeise im Sommer und kalorienarm dazu. Wir lernten sie an der Loire kennen, wo die Champignons so groß sind wie hierzulande junge Steinpilze.

500 g frische Champignons · 4 Eßl. Öl ·
2 Teel. scharfer Senf (Dijon) · Salz · Pfeffer
Pro Person etwa 115 Kalorien / 480 Joule

● Zubereitungszeit: 25 Minuten

So wird's gemacht: Die Champignons unter fließendem kaltem Wasser gut säubern und in nicht zu feine Längsscheiben schneiden. • Das Öl und den Senf gut miteinander verschlagen, so daß die Sauce eine mayonnaiseartige Konsistenz bekommt. • Die Champignons salzen und pfeffern. Die Senfsauce darübergeben, nicht unterheben. Den Salat mit der Sauce übergossen servieren.

Salade niçoise

Nizza-Salat
Bild 2. Umschlagseite

Nizza-Salat gibt es in vielen Variationen. Immer ist er frisch und sommerlich und bringt einen Hauch Côte d'Azur in unsere nördlichen Breiten. In Südfrankreich ißt man Salade niçoise auch oft zwischen zwei Brotscheiben als Zwischenmahlzeit.

1 Kopfsalat · 500 g Tomaten · 1 kleine Dose
Thunfisch (50 g) · 24 schwarze Oliven ·
3 Eßl. Olivenöl · 1 Eßl. guter Weinessig ·
Salz · Pfeffer · 1 Prise getrocknete
provenzalische Kräuter
Pro Person etwa 205 Kalorien / 860 Joule

● Zubereitungszeit: 20 Minuten

So wird's gemacht: Den Kopfsalat in einzelne Blätter zerlegen, waschen. Die Blätter auf 4 flache Salatteller verteilen. • Die Tomaten in dünne Scheiben schneiden. Die Scheiben auf den Salatblättern anrichten. Den Thunfisch abtropfen lassen und dazulegen; das Öl für die Salatsauce aufheben. Die Oliven auf die Teller verteilen. • In einem Schüsselchen das Öl aus der Thunfischdose, das Olivenöl, den Essig, Salz und Pfeffer gut vermischen. Über den Salat gießen. • Die Kräuter zwischen den Fingern zerreiben und auf den Salat streuen.

Das paßt dazu: Weißbrot und ein Rosé aus der Provence.

Varianten: Statt Thunfisch empfiehlt Curnonsky, der große französische Meisterkoch, Anchovisfilets. • Wer rohe Zwiebeln mag und verträgt, kann noch 1 kleine, in Ringe geschnittene Zwiebel auf dem Salat verteilen.

Ratatouille

Provenzalisches Allerlei

Dieses Gericht kann man kalt als Vorspeise oder heiß als Beilage verzehren. Es empfiehlt sich, die doppelte Menge zuzubereiten und den Rest am nächsten oder übernächsten Tag kalt zu servieren. Die Ratatouille-Rezepte wechseln von Familie zu Familie. Das nachstehende haben wir mehrmals ausprobiert und immer wieder mit Vergnügen genossen.

Zutaten für 6 Personen:
3 mittelgroße Auberginen · 3 große
Fleischtomaten · 3 Zucchini · 3 Paprika-
schoten · $^1/_{10}$ l Olivenöl (100 ccm) · Salz ·
Pfeffer · 2 Knoblauchzehen · 1 Bouquet
garni (siehe Seite 9) · etwa $^1/_{10}$ l kaltes
Wasser (100 ccm)
Pro Person etwa 215 Kalorien / 900 Joule

● Zubereitungszeit: 25 Minuten
● Garzeit: 1$^1/_2$ Stunden

So wird's gemacht: Die Auberginen und die
Tomaten in kochendheißes Wasser tauchen,
häuten und in Würfel schneiden. Die Zucchini
in grobe Scheiben schneiden. Die Paprikaschoten entkernen und in mundgerechte
Stücke schneiden. • Die Gemüse in einen
schweren Schmortopf geben. Das Olivenöl
angießen. Salzen und pfeffern. Die Knoblauchzehen schälen und in das Gemüse pressen. Das Bouquet garni hineingeben. Das kalte Wasser angießen. Den Deckel schließen
und das Gericht zum Kochen bringen. • Dann
die Hitze reduzieren und die Ratatouille auf
kleinem Feuer 1$^1/_2$ Stunden köcheln lassen. •
Heiß oder kalt servieren.

Œufs farcis

Gefüllte Eier

Eier sind in Frankreich als Vorspeise sehr beliebt. Genauso wie Hühner als Hauptmahlzeit. In unzähligen Familien kommt mehrmals
in der Woche ein Eiergericht als Vorspeise
auf den Tisch, entweder in Form von Omeletten oder Spiegeleiern oder auch, wenn man
ein bißchen Zeit hat, als gefüllte Eier. Da es

sich um eine Vorspeise handelt, rechne ich
1 Ei pro Person, doch können Sie die Menge
leicht verdoppeln oder verdreifachen, je
nachdem, was es danach gibt.

4 Eier · 1 Eßl. mittelscharfer Senf · 1 Eßl.
Weinessig · 2 Eßl. Öl · 1 Eßl. und 12
Kapern · Salz · Pfeffer · 4 schöne
Salatblätter
Pro Person etwa 140 Kalorien / 585 Joule

● Zubereitungszeit: 25 Minuten

So wird's gemacht: Die Eier hart kochen, abschrecken, pellen. •In einem Schüsselchen
den Senf, den Essig, das Öl und 1 Eßlöffel
Kapern vermengen. Salzen, pfeffern. Die Eier
in der Mitte längs oder quer durchschneiden,
die Eigelbe herauslösen, in das Schüsselchen
geben und mit der Gabel gut untermischen.
Die Masse in die Eiweiße füllen. Die zurück-
behaltenen Kapern darauf verteilen. •Die Ei-
hälften eventuell noch kurz in den Kühlschrank stellen. Kühl auf Salatblättern servieren.

Varianten: Die hartgekochten Eier durchschneiden, die Eigelbe herausnehmen. Feine
Gänseleberpastete leicht in die Eiweißhälften
drücken. Eine Sauce aus $^1/_3$ Béchamel und $^2/_3$
feiner Mayonnaise rühren. Über die Eier geben. Die Eigelbe hacken und darüberstreuen.
Man kann die hartgekochten Eigelbe nach
Belieben auch mit Anchovis, Sardellenpaste
oder Kräutern verrühren. Mit Öl, Essig und
Senf abschmecken.

Omelette savoyarde

Omelette bäuerlich

Diese Omelette gehört zu den deftigeren Vorspeisen. Sie stammt aus Savoyen, wo man bäuerlich-kräftige Gerichte liebt.

100 g durchwachsener geräucherter Speck ·
1 Eßl. Schweineschmalz · 1 Kartoffel ·
1 Stange Lauch (Porree) · 8 Eier · Pfeffer ·
Salz · 50 g Greyerzer Käse (Gruyère) ·
$^1/_2$ Bund Petersilie
Pro Person etwa 460 Kalorien / 1925 Joule

● Zubereitungszeit: 40 Minuten

So wird's gemacht: Etwas Wasser zum Kochen bringen. Den Speck mit dem Wasser überbrühen, mit Küchenkrepp abtupfen. Den Speck in Würfel schneiden und in einer Pfanne in dem Schmalz bräunen. • Inzwischen die Kartoffel schälen und würfeln, den Lauch putzen und kleinschneiden. • Die Speckwürfel aus der Pfanne nehmen. Die Kartoffelwürfel und die Lauchstückchen in dem Fett auf kleiner Flamme fast gar werden lassen. • Die Eier aufschlagen und in eine Schüssel geben. Pfeffern, salzen und leicht schlagen. • Den Käse in kleine Würfel schneiden, die Petersilie hacken. Den Käse und die Petersilie zusammen mit den Kartoffelwürfeln, den Lauchstückchen und dem Speck zu den Eiern in die Schüssel geben, gut untermischen. Die Omelettemasse in die gefettete Pfanne geben. • Die Omelette zuerst auf kleiner Flamme braten, zum Schluß bei offener Ofentür für 5 Minuten in den auf 220° C vorgeheizten Backofen stellen. • Die Omelette auf einer Platte anrichten, nicht zusammenklappen. Sie muß oben noch weich sein, wenn sie serviert wird.

Das paßt dazu: am besten ein Weißwein aus Crépy, unweit von Genf am französischen Ufer des Sees. Sonst ein anderer, möglichst trockener Weißwein.

Omelette basquaise

Feine baskische Omelette

In Frankreich legt man Wert darauf, daß Omeletten »baveuse« sind, das heißt oben noch ein bißchen flüssig. Diese Vorspeise ist für 4 Personen reichlich bemessen.

300 g frische Steinpilze oder Pfifferlinge ·
50 g roher Schinken · 4 Hühnerlebern ·
2 Schalotten oder 1 Zwiebel · 4 Eßl. Butter ·
Salz · Pfeffer · 1 Gläschen Madeira (2 cl) ·
3 Eßl. Sahne · 8 Eier
Pro Person etwa 420 Kalorien / 1760 Joule

● Zubereitungszeit: 35 Minuten

So wird's gemacht: Die Pilze säubern und kleinschneiden. Den Pilzen in einem Topf auf großer Flamme einen Teil ihrer Flüssigkeit entziehen. Das dauert etwa 10 Minuten. • Inzwischen den Schinken in sehr feine Streifen schneiden. Die Hühnerlebern feinhacken. Die Schalotten oder die Zwiebel schälen und hacken. • Die Hälfte der Butter in einen kleinen Topf geben, den Schinken und die Lebern ebenso wie die inzwischen leicht angetrockneten Pilze hinzufügen. Salzen, pfeffern. Zum Schluß den Madeira und die Sahne zugießen. Unter Umrühren erhitzen, aber nicht mehr kochen lassen. • Die Masse warm stellen und die Omelette bereiten: Die Eier in eine Schüssel geben, mit dem Schneebesen leicht schlagen. Salzen, pfeffern. • Die restli-

Die Zubereitung einer echten »Pâté de campagne« ▷
ist gar nicht so schwierig, wie es zuerst aussehen
mag. Rezept auf dieser Seite.

che Butter in der Pfanne erhitzen. Die Omelettemasse hineingießen. Wenn sie anfängt zu
stocken, die Pilz-Leber-Masse in die Mitte
füllen. Die Omelette darüber zusammenklappen und vorsichtig auf eine längliche Platte
gleiten lassen.

Das paßt dazu: ein trockener Weißwein aus
Südwestfrankreich, zum Beispiel ein Berge-
rac, ein Gaillac oder ein Graves.

Pâté de campagne

Bauern-Pastete
Bild gegenüber

Für dieses Rezept brauchen Sie unbedingt eine Moulinette oder einen anderen elektrischen Fleischhacker. Ich selbst habe versucht,
das Kaninchenfleisch mit einem gewöhnlichen
Fleischwolf zu zerkleinern: die Mühe war un-
beschreiblich, da das Fleisch sehr hautig ist,
wodurch das Drehen schwer gemacht und das
Innere des Fleischwolfs verstopft wird. Lassen
Sie sich durch die lange Zubereitungszeit
nicht abschrecken. Vielleicht haben Sie einmal an einem verregneten Nachmittag Zeit
dafür. Das Ergebnis lohnt jede Mühe.

Zutaten für 6–8 Personen:
1 Kaninchen mit Innereien · 225 g durch-
wachsener geräucherter Speck · 225 g fetter
geräucherter Speck · 1 gestrichener Eßl.
Semmelbrösel · 1 Eßl. getrocknete Kräuter
(Thymian, Majoran, Salbei, Lorbeer,
Sarriette, siehe Seite 9) · 1 Prise geriebene
Muskatnuß · Salz · Pfeffer · 2 Eier · 2 Eßl.
Cognac · 1 Bund Petersilie
Pro Person etwa 850 bzw. 640 Kalorien /
3560 bzw. 2680 Joule

- Zubereitungszeit: 2 Stunden
- Garzeit: 2$^1/_4$ Stunden
- Kühlzeit: etwa 1 Tag

So wird's gemacht: Das Kaninchenfleisch mit
einem spitzen Messer von den Knochen lösen.
Das Fleisch und die Innereien mit dem elektrischen Fleischhacker zerkleinern. In eine
Teigschüssel geben. •Den durchwachsenen
Speck kleinschneiden, vom fetten Speck ein
paar dünne Scheiben zurücklassen, um den
Boden der Pastetenform zu bedecken, den
Rest ebenfalls kleinschneiden. Die Speckwürfel zu dem Fleischhack geben. Die Semmelbrösel, die Kräuter und Gewürze, die Eier
und den Cognac zugeben. Die Petersilie hakken und zugeben. Das Ganze gut durchkneten. •Die Pastetenform mit den Speckscheiben auslegen. Den Fleischteig in die Form geben. Ein gebuttertes Pergamentpapier auf die
Masse legen. Den Deckel aufsetzen. •Den
Backofen auf 250° C vorheizen. Die Pastetenform in einen halbhoch mit Wasser gefüllten
Topf stellen. Den Ofenrost auf der untersten
Schiene einschieben, den Topf daraufstellen.
Wenn das Wasser im Topf kocht, den Ofen
auf etwa 220° C zurückschalten. •Nach etwa
2$^1/_4$ Stunden ist die Pastete gar. Den Deckel
der Form abheben, auf das Pergamentpapier
ein Küchenbrett und darauf ein Gewicht legen, so daß das Fett aus der Pastete gedrückt
wird. •Die Pastete kühl stellen und frühestens
am nächsten Tag servieren.

Das paßt dazu: französisches Stangenweißbrot; wenn kein Hauptgericht darauf folgt, ein
grüner Salat. Wir trinken gern einen Rosé
oder einen hellen Rotwein dazu.

◁ »Quiche lorraine« ist eine der beliebtesten Vorspeisen in Frankreich, kann aber auch ein sättigendes Hauptgericht sein. Rezept Seite 31.

Pâté de foie
mère Cathérine

Leberpastete mère Cathérine

Dieses Rezept stammt aus den Notizen der elsässischen Großmutter meiner Freundin Katrin. Wir haben die Pastete einmal bei ihr vorgesetzt bekommen, und sie schmeckte uns so gut, daß wir sie um das Rezept baten.

Zutaten für 8 Personen:
200 g Kalbfleisch · 3 Gläser herber Weißwein, am besten Elsässer · 1 Paket Tiefkühl-Blätterteig · 200 g Geflügelleber, am besten Gänseleber · 1 große Zwiebel · 1 Eßl. Butter · 1 Brötchen vom Vortag · 200 g Schweinemett · $^1/_{10}$ l Sahne (100 ccm) · 2 Eier · $^1/_2$ Teel. getrockneter Majoran · Salz · Pfeffer · Semmelbrösel · 1 Gläschen Cognac (2 cl)
Pro Person etwa 400 Kalorien / 1675 Joule

- Zubereitungszeit: 30 Minuten
- Marinierzeit: etwa 12 Stunden
- Garzeit: 70 Minuten

So wird's gemacht: Das Kalbfleisch sehr fein würfeln und über Nacht in den Weißwein einlegen. • Am nächsten Morgen das Fleisch aus der Marinade nehmen und in eine Schüssel geben. Den Blätterteig auftauen lassen. • Die Leber sehr fein würfeln, jedoch nicht durch den Fleischwolf drehen. Die Zwiebel hacken und in der heißen Butter glasig werden lassen. Das Brötchen einweichen und gut ausdrükken. • Die Leber, das Mett, die Zwiebel und das Brötchen in die Schüssel zum marinierten Kalbfleisch geben. Die Sahne schlagen und unter die Masse ziehen. Die Eier, den Majo-

ran und den restlichen Weißwein in den Fleischteig geben. Salzen, pfeffern. Ist der Teig jetzt noch zu weich, ihm mit Semmelbröseln eine festere Konsistenz geben. Zum Schluß mit dem Cognac parfümieren •Eine große Kastenform mit gefettetem Pergamentpapier, dann mit dem aufgetauten Blätterteig auslegen. Den Fleischteig einfüllen. Eine Lage Blätterteig als Deckel darauflegen. In die Mitte des Deckels ein Papprröllchen stecken, damit der Dampf abziehen kann. Wer Zeit hat, kann aus den Teigresten Figürchen ausstechen und diese auf den Deckel setzen •Auf der mittleren Schiene in den vorgeheizten Backofen schieben und bei 240 °C etwa 70 Minuten backen. •Abkühlen lassen und kalt mit Cumberlandsauce (Rezept Seite 62) servieren.

Das paßt dazu: Stangenweißbrot und ein frischer junger Beaujolais nouveau. Ein gemischter Salat macht ein kleines Hauptgericht daraus.

Potage au potiron

Kürbissuppe

Diese Suppe schmeckt köstlich erfrischend im Herbst vor einem Wildbraten. Und es gibt keinerlei Schwierigkeiten bei der Zubereitung.

Zutaten für 6 Personen:
1 kg Kürbis · etwa $^3/_{10}$ l (300 ccm) Wasser · Salz · $^3/_4$ l Milch · 1 Eßl. Butter · reichlich Pfeffer · reichlich geriebene Muskatnuß · 1 Prise Zucker · 1 Eßl. Sahne
Pro Person etwa 140 Kalorien / 585 Joule

- Zubereitungszeit: 30 Minuten
- Garzeit: 70 Minuten

So wird's gemacht: Den Kürbis schälen und in mittelgroße Würfel schneiden. Mit dem Wasser und Salz in einem Topf mit dickem Boden 1 Stunde zugedeckt kochen lassen. • Dann die Würfel mit dem Schneidstab zermusen oder durch ein Sieb passieren. • Die Milch aufkochen lassen, die Kürbismasse hineingeben. Die Butter mit dem Pfeffer, der geriebenen Muskatnuß und dem Zucker zugeben und 10 Minuten unter Rühren köcheln lassen. • Die Sahne in eine Schüssel geben, die Suppe darübergießen und sofort servieren.

Variante: In Butter geröstete Semmelwürfel auf die Suppe geben.

Soupe à l'ail

Knoblauchsuppe

Diese Suppe vertreibt garantiert alle Vampire der Umgebung. Achten Sie nur darauf, daß die ganze Tischrunde Knoblauch mag, sonst vertreibt sie auch Freunde und Familienangehörige.

12 Knoblauchzehen · 1 l Wasser · 1 Prise getrockneter Salbei · 2 Nelken · Salz · Pfeffer · 2 kleine Scheiben Weißbrot · 2 Eßl. geriebener Greyerzer Käse (Gruyère) · 2 Eßl. Olivenöl
Pro Person etwa 140 Kalorien / 585 Joule

- Zubereitungszeit: 30 Minuten

So wird's gemacht: Die Knoblauchzehen schälen und in Stifte schneiden. Den Knob-

lauch zusammen mit dem Wasser, dem Salbei, den Nelken, Salz und Pfeffer 20 Minuten kochen lassen. • In eine Suppenterrine die Brotscheiben legen, den Greyerzer darüberstreuen und das Öl darauf verteilen. Die Suppe kochend so rasch auf die Brotscheiben gießen, daß der Käse schmilzt. Sofort servieren.

Soupe d'artichauts

Artischockensuppe

Dies ist ein südfranzösisches Bauerngericht. Die »Soupe« ist im eigentlichen Sinne des Wortes keine Vorsuppe, sondern eine einfache bäuerliche Mahlzeit. Man kann diese Artischockensuppe also sowohl als Vorspeise (in kleineren Mengen) wie auch als Hauptgericht servieren. Gibt man sie als Vorspeise, sollte man anschließend nur noch ein kleines gegrilltes Stück Fleisch ohne Beilage (doch natürlich mit etwas Brot) anbieten.

1 Artischocke · Salz · 8 mittelgroße mehlige Kartoffeln · etwa 8 Eßl. gutes Olivenöl · Pfeffer
Pro Person etwa 345 Kalorien / 1445 Joule

- Garzeit der Artischocke: 40 Minuten
- Garzeit der Kartoffeln: etwa 20 Minuten

So wird's gemacht: Die Artischocke 40 Minuten lang in so viel Salzwasser kochen, daß die Knospe bedeckt ist. • 20 Minuten vor Ende der Kochzeit die Kartoffeln waschen. In der Schale in einem zweiten Topf zum Kochen aufsetzen. • Die Artischocke aus dem Kochwasser nehmen und für eine spätere Mahlzeit aufheben. Das Kochwasser in eine Suppenterrine geben und möglichst auf einem Rechaud servieren, da die Suppe beim Abkühlen eine häßliche braune Färbung annimmt. • Die Kartoffeln abgießen und in einer Schüssel servieren. Das Öl in einem Ölkännchen zusammen mit Salz und Pfeffer auf den Tisch stellen. • Jeder Gast nimmt sich eine Kartoffel, schält sie und zerdrückt sie mit der Gabel in seinem Teller. Dann gießt sich jeder nach Geschmack Öl auf die Kartoffel, so daß ein dicker Brei entsteht. Darauf gibt man 1 bis 2 Schöpflöffel Suppe. Wer will, kann noch nachwürzen.

Soupe à l'oignon

Pariser Zwiebelsuppe

Diese berühmte Pariser Spezialität ist eigentlich ein Spätgericht für Nachtschwärmer. In den Lokalen rund um die alten Markthallen versammelten sich Pariser Bummler und Frühaufsteher zu frühspäter Stunde um die dampfenden Zwiebelsuppenteller. Heute, nach Abbruch der Hallen, ist ein Teil der Lokale ins Marais abgewandert. Ich habe diese sättigende Suppe dennoch unter die Vorspeisen eingereiht, da man Vorspeisengerichte eigentlich alle als Zwischenmahlzeiten oder Vorgerichte genießen kann. Es kommt nur darauf an, was man nachher noch ißt.

Zutaten für 6 Personen:
150 g Zwiebeln · 3 Eßl. Butter ·
1 gestrichener Eßl. Mehl · 1¹/₂ l Wasser oder
leichte Fleischbrühe · Salz · Pfeffer ·
6 Scheiben Weißbrot · 100 g geriebener
Emmentaler oder Greyerzer Käse (Gruyère) ·
eventuell 1 Gläschen Cognac oder Portwein
(2 cl)

Pro Person etwa 235 Kalorien / 985 Joule

● Zubereitungszeit: 50 Minuten

So wird's gemacht: Die Zwiebeln schälen und feinhacken. Die Zwiebelstückchen in der Butter auf kleiner Flamme weich schmoren, ohne daß sie bräunen. Das Mehl darüberstäuben. • Das Wasser oder die Fleischbrühe angießen. Salzen, pfeffern. 20 Minuten kochen lassen. • Die Brotscheiben trocken in der Pfanne rösten. In feuerfeste Zwiebelsuppentassen je 1 Scheibe geröstetes Brot legen. Die Suppe darübergießen. Den Käse auf die Suppe streuen. • Die Tassen auf die mittleren Schiene in den vorgeheizten Ofen stellen und die Suppe auf der höchsten Schaltstufe etwa 7 Minuten gratinieren. • Eventuell mit Cognac oder Portwein parfümieren.

Mein Tip Wer keine feuerfesten Suppentassen besitzt, legt die Brotscheiben in normale Suppenteller, streut den Käse darüber und gießt mit der kochendheißen Suppe auf.

Escargots bourguignons

Weinbergschnecken Burgunder Art

Burgunds Weinberge liefern nicht nur überragende Kreszenzen für den Weinfreund, auch der Gourmet kommt hier zu seinem Recht: Weinbergschnecken gibt es jetzt auch bei uns in jedem Geschäft, sogar schon in den Supermärkten. Zwar gibt es die Schnecken auch fertig gefüllt, besser ist es jedoch, wenn man die Kräuterbutter selber macht, schon der frischen Petersilie wegen.

Zutaten für 12 Schnecken:
50 g Butter · ¹/₂ Bund krause Petersilie · einige kleine Kerbelzweige · ¹/₂ kleine Schalotte · Pfeffer · Salz · 1 Knoblauchzehe · 1 Teel. Zitronensaft · 12 Schnecken (Dose), wenn möglich mit Häuschen
Pro 12 Schnecken etwa 500 Kalorien / 2095 Joule

● Zubereitungszeit: 30–40 Minuten

So wird's gemacht: Die Butter rechtzeitig aus dem Kühlschrank nehmen, damit sie weich wird. Die Petersilie, den Kerbel und die Schalotte sehr fein hacken und mit der Butter verkneten. Pfeffern, salzen. Die Knoblauchzehe zerquetschen und untermischen, den Zitronensaft zugeben. Die Butter gut durchkneten. • Die Schnecken aus der Dose nehmen und in die Schneckenhäuser füllen. Etwas Saft aus der Dose hineingeben und die Öffnung mit der Kräuterbutter verschließen. • Wenn

vorhanden, die Schnecken in eine Schneckenpfanne setzen, sonst eine feuerfeste Schüssel halb mit Salz füllen und die Schneckenhäuser hineindrücken. Die Schneckenpfanne oder die feuerfeste Schüssel in den Grill auf der mittleren oder im Backofen auf der obersten Schiene einschieben und so lange erhitzen, bis die Butter anfängt zu brutzeln.

Das paßt dazu: Toast und ein burgundischer Weißwein, am besten ein junger Chablis.

Variante: Curnonsky empfiehlt, die Kräuterbutter mit etwas Cayennepfeffer zu schärfen.

Mein Tip Manchmal gibt es keine Schneckenhäuschen zu den Schnecken. Besonders vor Feiertagen sind sie manchmal ausverkauft. Dann legen Sie die Schnecken in die Höhlungen des Schneckenpfännchens und streichen die Butter darüber. Das sieht zwar nicht so hübsch aus, ist aber dennoch »echt französisch«, denn man bekommt in französischen Bistrots Schnecken oft in dieser Form vorgesetzt.

So werden Schnecken richtig serviert und verzehrt.

Croûtes aux morilles

Morcheln in Sahne

Morcheln gibt es vor allem im Jura, sowohl auf der französischen wie auf der schweizerischen Seite. Beiderseits der Grenze werden deshalb Morcheln in Sahne gern als Vorspeise gegessen, und seit es getrocknete Morcheln gibt, zu jeder Saison. Auch hier sind getrocknete Morcheln in Delikateßgeschäften erhältlich.

50 g getrocknete Morcheln · 1 Suppentasse und $^1/_{10}$ l Milch (100 ccm) · 125 g Butter · $^1/_{10}$ l fette Fleischbrühe (Würfel) · 1 gestrichener Eßl. Mehl · $^1/_{10}$ l Sahne (100 ccm) · Salz · 8–12 kleine Scheiben Weißbrot · Pfeffer
Pro Person etwa 450 Kalorien / 1885 Joule

● Einweichzeit der Morcheln: 12 Stunden
● Zubereitungszeit: 40 Minuten

So wird's gemacht: Die getrockneten Morcheln über Nacht in 1 Suppentasse Milch weichen lassen. Am nächsten Tag die Pilze herausnehmen, sorgfältig waschen und abtropfen lassen. • Die Pilze in eine kunststoffbeschichtete Pfanne oder einen Topf geben und in 100 g Butter dünsten. Die Fleischbrühe zugießen und etwa 20 Minuten köcheln lassen. • Inzwischen in einem zweiten kleinen Topf mit dem Rest der Butter und dem Mehl eine Béchamelsauce bereiten: Die Butter schmelzen, aber nicht bräunen lassen, das Mehl darüberstäuben, die Milch und die Sahne zugeben. Die Sauce etwa 20 Minuten köcheln lassen, dann die Morcheln mit der Fleischbrühe zugeben. Salzen. • Für jede Person 2 bis 3 Scheiben Weißbrot in Butter rösten. Die Weißbrotscheiben auf eine Platte legen und die Morchelsahne darübergießen. Eventuell noch etwas nachsalzen und leicht pfeffern.

Das paßt dazu: am besten ein gelber Wein aus Arbois; er ist durch keinen anderen Weißwein zu ersetzen. Wenn er nicht zu bekommen ist, sollte man es mit einem anderen, möglichst kräftigen Weißwein versuchen.

Quiche lorraine
Lothringer Schinkenkuchen
Bild Seite 26

Quiche ist in Frankreich überall eine beliebte Vorspeise, obwohl sie recht sättigend ist. In fast allen Bäckereien in Paris gibt es sie fertig zum Warmmachen zu kaufen. Anschließend ißt man dann nur noch ein »Bifteck« mit Salat und Obst. Es sei denn, man wählt die Quiche-Portion ein bißchen kleiner. Dieses Rezept brachte eine Freundin von uns aus Frankreich mit. Sie hat sich mit ihrer Quiche die Herzen all ihrer Bekannten erobert. Das Besondere besteht darin, daß sie auch rohen Schinken als Belag verwendet.

Zutaten für 6–8 Personen:
Für den Teig: 125 g weiche Butter · 200 g Mehl · 3 Eßl. kaltes Wasser · Salz · Pfeffer · 1 Eßl. geriebener Emmentaler Käse · 1 Knoblauchzehe
Für den Belag: 5 Scheiben gekochter Schinken, je $^1/_2$ cm dick (etwa 500 g) · 100 g milder roher Schinken · 3–4 Zwiebeln · reichlich frische Kräuter nach Jahreszeit · 3 Knoblauchzehen · 8 Eier · Pfeffer · Salz · 200 g geriebener Emmentaler Käse · $^2/_{10}$ l Sahne (200 ccm)
Pro Person etwa 1100 bzw. 825 Kalorien / 4605 bzw. 3455 Joule

● Zubereitungszeit: 50 Minuten
● Ruhezeit: 1 Stunde
● Garzeit: 70 Minuten

So wird's gemacht: Die weiche Butter in einer Teigschüssel mit dem Mehl verkneten. Das kalte Wasser zugeben, salzen, pfeffern und den geriebenen Käse untermischen. Den

Knoblauch in den Teig quetschen. Den Teig 1 Stunde an einem kühlen Ort ruhen lassen. • Inzwischen für den Belag die beiden Schinkenarten feinwürfeln, die Zwiebeln schälen und hacken, die Kräuter hacken und die Knoblauchzehen zerquetschen. Die Zwiebeln, den Schinken, die Kräuter und den Knoblauch in einer Schüssel vermengen und beiseite stellen. • Die Eier aufschlagen und in eine weitere Schüssel geben. Salzen, pfeffern. Den Emmentaler dazugeben und verrühren. Die Sahne unterziehen. • Den Teig nach der Ruhezeit mit den Fingern ganz flach drücken und in eine Springform legen. Einen Rand hochziehen. Die Form auf der mittleren Schiene in den Backofen schieben und den Teig bei 200 °C 10 Minuten vorbacken. • Dann die Schinken-Kräuter-Mischung daraufauflegen, die Eier mit dem Käse und der Sahne darübergießen. Auf der mittleren Schiene wieder in den Ofen schieben und bei 250 °C 1 Stunde lang backen. • Warm servieren.

Das paßt dazu: am besten ein Rosé aus Lothringen. Will man das Gericht als Hauptspeise verzehren, gehört reichlich gemischter Salat dazu.

Flan à la bourguignonne

Burgunder Fladen

Dies ist, wenn man so will, die Burgunder Abart der Quiche lorraine. Statt Schinken wird hier Lauch verwendet. In kleinen Portionen eine herrliche Vorspeise, in größeren – mit Salat – ein schmackhaftes und sättigendes Hauptgericht.

Zutaten für 6–8 Personen:
Für den Teig: 250 g Mehl · 125 g weiche Butter · Salz · 1 Ei · 1¹/₂ Eßl. kaltes Wasser
Für den Belag: 1 kg Lauch (Porree) · 3 Eßl. Butter · 1 gestrichener Teel. Mehl · 0,15 l Sahne (150 ccm) · 60 g geriebener Greyerzer Käse (Gruyère)
Pro Person etwa 535 bzw. 400 Kalorien / 2240 bzw. 1675 Joule

● Zubereitungszeit: 40 Minuten
● Ruhezeit: mindestens 1 Stunde
● Garzeit: 35 Minuten

So wird's gemacht: Das Mehl mit der weichen Butter verkneten, salzen. Das Ei und das Wasser zugeben. Durchkneten. Mindestens 1 Stunde kühl stellen. • Dann den Teig dünn ausziehen und in eine Springform legen. Den Rand etwas hochziehen. Den Teig mit einer Gabel einstechen. Im vorgeheizten Backofen bei etwa 200 °C 20 Minuten backen. • Inzwischen den Lauch putzen und das Weiße sehr klein schneiden. 2 Eßlöffel Butter in einem Topf schmelzen lassen, den Lauch dazugeben und glasig schmoren. Das Mehl hineinstäuben und verrühren, mit der Sahne löschen. Kurz einkochen lassen. ²/₃ der Käsemenge zugeben. • Die Masse auf dem vorgebackenen Boden verteilen. Den Rest Käse darüberstreuen, den Rest Butter in Flöckchen auf den Belag setzen. Etwa 15 Minuten im vorgeheizten Ofen bei 250 °C oder höher auf der mittleren Schiene überbacken.

Das paßt dazu: ein Rully oder ein anderer trockener weißer Burgunder. Als Alternative ist ein spritziger durchgegorener Wein aus der Schweiz zu empfehlen oder auch ein Edelzwicker aus dem benachbarten Elsaß.

Sardines farcies

Gefüllte Sardinen

Dieses Rezept stammt von meiner Freundin Nicole, einer provenzalischen Schriftstellerin, von der ich schon viele Bücher übersetzt habe. Es ist ein Rezept ihrer südfranzösischen Familie, von der Großmutter eigenhändig aufgeschrieben. Die Menge ist für eine Vorspeise berechnet, für ein Hauptgericht sollten Sie alle Zutaten verdoppeln.

500 g große Sardinen · etwa 100 g frischer oder tiefgefrorener Spinat · 1 Knoblauchzehe Salz · Pfeffer · 1 Messerspitze Thymian 2 Eßl. Öl
Für die Tomatensauce:
2 Fleischtomaten · einige Tropfen Weinessig · 1/2 Teel. gekörnte Brühe · 1 Teel. Butter
Pro Person etwa 300 Kalorien / 1255 Joule

- Zubereitungszeit: 1¼ Stunden
- Garzeit: 10–15 Minuten

So wird's gemacht: ⅔ der Sardinen ausnehmen, schuppen, waschen. Die Köpfe abschneiden, die Schwänze daranlassen. Beiseite stellen. Die restlichen Sardinen filieren, das heißt Haut und Gräten entfernen und das rohe Fleisch mit einer Gabel zermusen. • Den Spinat mit kochendem Wasser übergießen, dann auf einem Sieb abtropfen lassen. Tiefkühlspinat auftauen. • Den Spinat zur Fischmasse geben. Die Knoblauchzehe schälen und hineindrücken. Salz, Pfeffer und Thymian daruntermischen. • Das Öl in einem Topf erhitzen und die Mischung darin gut durchschmoren. In die ausgenommenen ganzen Sardinen füllen. Die Sardinen in eine feuerfeste Schüssel legen. • Für die Tomatensauce die

Tomaten schälen, vierteln und mit Wasser bedeckt weichschmoren. Durch ein Sieb treiben. Mit Salz und Pfeffer würzen und mit etwas Weinessig abschmecken. Die gekörnte Brühe und zum Schluß die Butter dazugeben. • Die Sauce über die Sardinen gießen und das Ganze im vorgeheizten Backofen bei 220 °C etwa 10 bis 15 Minuten gratinieren.

Das paßt dazu: Stangenweißbrot und ein Rosé aus der Provence.

Variante: In die Füllung 1 feingehackte, in Öl geschmorte Zwiebel geben.

Sole bretonne

Seezunge bretonisch

In dieser Zusammensetzung eine exzellente Vorspeise für ein festliches Mahl oder, als größere Portion mit Beilagen serviert, ein leichtes Hauptgericht. Das Rezept stammt aus der Bretagne, dem Westzipfel Frankreichs im Atlantik, Heimat delikater Fischzubereitungen.

1 kleine Stange Lauch (Porree) · 1 Zwiebel · 1 Schalotte · 1 Staude Sellerie · 3 Eßl. Butter · Pfeffer · Salz · 8 Seezungenfilets · etwas Mehl · 1/10 l weißer Loirewein (100 ccm) · 1/10 l Sahne (100 ccm) · 1 Eßl. gehackte Petersilie
Pro Person etwa 390 Kalorien / 1635 Joule

- Zubereitungszeit: 30 Minuten
- Garzeit: 20–25 Minuten

So wird's gemacht: Den Lauch putzen, die Zwiebel und die Schalotte schälen, alle Ge-

»Lièvre vigneron«, eine Hasenzubereitung mit ▷
einer besonders feinen Sauce. Rezept Seite 52.
Zum Bild auf Seite 36: »Pot-au-feu« ist ein ganz
besonderer Eintopf. Rezept Seite 55.

müse feinhacken. Zusammen mit der Butter
in einen Topf geben. Etwa 10 Minuten unter
Umrühren auf kleiner Flamme köcheln lassen. Gemüse und Butter dürfen nicht bräunen. Das halbgare Gemüse in eine feuerfeste
Form geben. Pfeffern, salzen. • Die Seezungenfilets leicht salzen und in Mehl wälzen.
Überschüssiges Mehl abklopfen. Die Filets
einmal zusammenfalten und in die Form geben. Den Wein angießen. Die Form mit Alu-
folie verschließen. • Auf der mittleren Schiene
in den auf 200 °C vorgeheizten Backofen
schieben. • Ab und zu die Filets etwas begießen. Nach 15 Minuten die Form aus dem
Ofen nehmen und die Sahne angießen. Die
Form leicht schütteln, damit sich die Sahne
verteilt. • Das Ganze wieder in den Ofen
schieben und noch 5 bis 10 Minuten offen
weitergaren. Mit der Petersilie bestreuen. Das
Gericht in der Form servieren.

Das paßt dazu: als Vorspeise nur Brot. Wird
das Gericht als Hauptgang serviert, ißt man
Salzkartoffeln dazu. Zum Trinken gibt es den
gleichen Loire-Weißwein, der zum Kochen
verwendet wurde.

Variante: Das Gericht schmeckt ebenso gut
mit Steinbutt. Dann verlängert sich die Garzeit um insgesamt etwa 20 Minuten.

Truites du Doubs

Forellen vom Doubs

Diese köstliche Forellenzubereitung bekamen
wir am Ufer des wildromantischen Doubs, der
viele Kilometer lang die Grenze zwischen
Frankreich und der Westschweiz bildet.

*1 Eßl. Essig · 1 Teel. Salz · 4 küchenfertige
Forellen · 4 Eßl. Butter · 4 Teel. Kapern*
Pro Person etwa 230 Kalorien / 965 Joule

● Zubereitungszeit: 25 Minuten

So wird's gemacht: Wasser in einem Topf
zum Kochen bringen. Das Salz und den Essig
hineingeben. • Die Forellen vorsichtig säubern. • Die Hitze reduzieren. Die Forellen in
das kochendheiße Wasser geben und in etwa
15 Minuten garziehen, aber nicht kochen lassen. • Die Fische auf 4 feuerfesten Tellern anrichten, die Butter in Flocken daraufsetzen,
die Kapern darauf verteilen. Kurz in den auf
etwa 250 °C vorgeheizten Backofen schieben. • Wenn die Butter anfängt zu brutzeln,
sofort servieren.

Das paßt dazu: Brot und ein Chablis. Auch
ein spritzig-herber Neuchâteler Wein
schmeckt gut dazu.

Fleischgerichte zum Genießen

Des Franzosen liebste Fleischspender sind Rind und Kalb, Hammel und Lamm. Schweinefleisch wird weniger gegessen, es sei denn in Form von Wurst (Saucisson) zur Vorspeise. Eine weitere Vorliebe der Franzosen gehört den Innereien in vielen Zubereitungsarten. Die folgenden Gerichte sind alle nicht kompliziert, jedoch erfordern einige von ihnen eine längere Garzeit. Nehmen Sie sich die Zeit dafür – es lohnt sich!

Bœuf provençal

Provenzalisches Rindfleisch mit Oliven

Ein scharfes Gericht, wie es in der französischen Küche nicht oft vorkommt. Doch darf die Schärfe niemals die übrigen Gewürze überdecken.

750 g Rinderschmorfleisch, zum Beispiel Wadschenkel · 2 Zwiebeln · 4 Eßl. Olivenöl · $^1/_4$ l herber Weißwein · $^1/_4$ l Wasser · 1 Bouquet garni (siehe Seite 9) · Salz · 2 große Fleischtomaten oder 4 kleine Tomaten · 12 Oliven · 50 g geräucherter Speck · scharfes Paprikapulver · evtl. etwas Cayennepfeffer oder Tabascosauce
Pro Person etwa 530 Kalorien / 2220 Joule

- Zubereitungszeit: 30 Minuten
- Garzeit: 3 Stunden

So wird's gemacht: Das Fleisch in Würfel schneiden. Die Zwiebeln schälen und hakken. •In einem dickwandigen schweren Schmortopf das Olivenöl heiß werden lassen. Das Fleisch hineingeben und unter Rühren anbraten. Die feingehackten Zwiebeln dazugeben. Wenn das Fleisch etwas Farbe ange-

nommen hat, den Weißwein, das Wasser und das Bouquet zugeben. Salzen. •Den Deckel aufsetzen. Bei einem Schmortopf à la Bocuse (siehe Seite 13) Eisstückchen hineingeben. • Bei kleinster Hitze 2$^1/_2$ Stunden köcheln lassen. •Kurz vor Ende der Garzeit die Tomaten in kochendheißes Wasser tauchen und die Schalen abziehen. Die Tomaten vierteln. Die Oliven entkernen und in Scheibchen schneiden. Den Speck würfeln und kroß braten. • Das Fleisch herausnehmen und in einen anderen Topf legen, die Tomatenviertel, die Oliven und die gebratenen Speckstückchen ohne das Fett dazugeben. •Den Fleischsaft durch ein Haarsieb über Fleisch und Gemüse gießen. Alles zusammen noch einmal 30 Minuten köcheln lassen. Zum Schluß das Gericht scharf mit Paprikapulver abschmecken. Eventuell noch mit Cayennepfeffer oder Tabasco schärfen.

Das paßt dazu: ein Rosé oder Rotwein aus der Provence und das obligate Stangenweißbrot.

Daube

Rindfleisch in Rotwein

Dieses Gericht stammt aus dem Périgord, dem Land am Rande des Zentralmassivs, zwischen dem Dronne- und dem Dordognetal, das durch viele feine Spezialitäten, vor allem aber durch seine Trüffeln, berühmt ist. Daube ist ein altfranzösisches klassisches Rindfleischgericht.

750 g Rindfleisch (Wadschenkel oder Schulter) · einige Speckschwarten, wenn möglich von frischem Speck

*200 g durchwachsener geräucherter Speck ·
2 Bunde Petersilie · 4 Knoblauchzehen ·
6 Schalotten oder 3 Zwiebeln · Salz ·
Pfeffer · 1 Zwiebel · 3 Nelken · 1 Bouquet
garni (siehe Seite 9) · 1 Messerspitze Vier-
Gewürze-Mischung (siehe Seite 10) ·
¹/₂ Flasche guter Rotwein*
Pro Person etwa 620 Kalorien / 2540 Joule

● Zubereitungszeit: 35 Minuten
● Garzeit: 5–6 Stunden

So wird's gemacht: Das Fleisch in große Stük-
ke schneiden. • Wasser zum Kochen bringen.
Die frischen Speckschwarten in das kochende
Wasser geben, kurz aufkochen lassen, herausnehmen und abtropfen lassen. • Den durchwachsenen Speck kleinschneiden. Die Petersilie, den Knoblauch und die Schalotten oder
Zwiebeln feinhacken. Den Speck, die Petersilie, den Knoblauch und die Schalotten gut
miteinander vermengen. • Einen schweren
Schmortopf mit den Speckschwarten auslegen. Die Hälfte des Rindfleischs daraufleggen.
Salzen, pfeffern. Die Hälfte der Petersilie-
Zwiebel-Speck-Mischung in den Topf geben,
darauf eine weitere Schicht Rindfleisch. Salzen, pfeffern, darauf den Rest der Petersilie-
Zwiebel-Speck-Mischung. Eine ganze Zwiebel mit den Nelken spicken, zusammen mit
dem Bouquet garni und der Vier-Gewürze-
Mischung in den Topf geben. Den Rotwein
angießen. • Den Topf fest schließen und das
Ganze 5 bis 6 Stunden bei kleiner Hitze kochen lassen. Eventuell Eisstücke in den Dek-
kel legen. • Vor dem Servieren das Fett abschöpfen.

Das paßt dazu: Dieses Gericht spricht eigentlich für sich und braucht nur etwas Weißbrot
zum Sauce-Auftunken. Wer will, kann But-
ter-Bandnudeln dazu reichen oder einen herben Salat, wie zum Beispiel Chicorée. Dann
ist das Gericht allerdings nicht mehr ganz
»echt französisch«. Die Franzosen trinken einen kräftigen Rotwein, den sogenannten
»schwarzen« Wein von Cahors dazu.

Côtes d'agneau normandes

Normannische Lammkoteletts

Diese einfache Art, Lammkoteletts zuzubereiten, stammt aus dem »hohen Norden«
Frankreichs, wo das Lammfleisch den Geschmack des Meeres annimmt, da die Schafe
das salzdurchdrungene Gras fressen. Man
nennt diese köstliche Fleischspezialität Pré-
Salé.

*8 Lammkoteletts · Saft von 1 Zitrone · 4 Eßl.
Butter · Salz · Pfeffer · Semmelbrösel · 2–3
große Gemüsezwiebeln · 1 Tasse Fleischbrühe
(Würfel)*
Pro Person etwa 750 Kalorien / 3140 Joule

● Zubereitungszeit: 40–45 Minuten
● Ruhezeit: 1 Stunde

So wird's gemacht: Die Koteletts mit dem Zitronensaft beträufeln und 1 Stunde beiseite
stellen. • 2 Teelöffel Butter in einem Topf
schmelzen lassen und die Koteletts damit bepinseln. Salzen, pfeffern, in Semmelbröseln
wälzen. • Die Koteletts in 2 Eßlöffeln Butter
braun braten, warm stellen. • Die Gemüsezwiebeln schälen und feinhacken. Den Rest
der Butter in den Topf geben, die Zwiebeln
dazugeben und langsam in der Butter dünsten

lassen, ohne daß sie braun werden. Pfeffern, salzen. Die Fleischbrühe zugießen. Das Ganze köcheln lassen, bis die Zwiebeln zerfallen. • Die Koteletts auf dem Püree servieren.

Das paßt dazu: Weißbrot und ein guter normannischer Apfelwein (Cidre).

Côtes d'agneau provençales

Südfranzösische Lammkoteletts
Titelbild

Als Gegenstück zu den nordischen Lammkoteletts präsentiere ich Ihnen hier das gleiche Stück vom Lamm auf südfranzösische Art zubereitet. Das Gericht stammt aus der Provence, dem Land der aromatischen Kräuter.

8 Lammkoteletts · Saft von 1 Zitrone ·
6 Knoblauchzehen · $^1/_2$ Teel. getrocknete
provenzalische Kräuter · 2 Zwiebeln ·
4 Fleischtomaten · 2 Eßl. Olivenöl ·
1 Messerspitze Thymian · Pfeffer · Salz ·
1 Lorbeerblatt
Pro Person etwa 580 Kalorien/2430 Joule

● Zubereitungszeit: 40–45 Minuten
● Marinierzeit: 1 Stunde

So wird's gemacht: Die Koteletts mit dem Zitronensaft beträufeln. 4 Knoblauchzehen schälen, zerquetschen und das Fleisch damit einreiben. Die provenzalischen Kräuter zwischen den Fingern zerreiben und auf die Koteletts streuen. Die Koteletts 1 Stunde marinieren lassen. • Inzwischen die Zwiebeln schä-

len und feinhacken. Die Tomaten kurz in kochendheißes Wasser tauchen, die Haut abziehen. Die Tomaten entkernen und das Fruchtfleisch in Streifen schneiden. In einem flachen Topf die Hälfte des Olivenöls erhitzen. Die Zwiebeln hineingeben und glasig werden lassen, dann die Tomaten zugeben. Die restlichen Knoblauchzehen schälen, zerquetschen und in das Tomatengemüse mischen. Mit dem Thymian würzen. Pfeffern, salzen. Das Lorbeerblatt im ganzen zugeben. Das Gemüse etwa 20 Minuten zugedeckt schmoren lassen. • Die Lammkoteletts mit Küchenkrepp abtrocknen. Das restliche Öl in einer Pfanne erhitzen, die Koteletts hineingeben und auf jeder Seite etwa 4 Minuten braten. Pfeffern, salzen. Zum Schluß die Koteletts leicht anheben und das Tomatengemüse unter den Koteletts in der Pfanne verteilen. Das Ganze noch 1 Minute bei geringer Hitze durchziehen lassen. Sehr heiß in der Pfanne servieren.

Das paßt dazu: Weißbrot und ein provenzalischer Rotwein.

Gigot à la solognote

Marinierte Lammkeule

Dieses Gericht stammt wie viele feine französische Spezialitäten aus der Sologne, südlich von Paris. Auch hier ist es wieder die Marinade, die dem Fleisch den Wohlgeschmack und dem Gericht seine Besonderheit verleiht.

100 g durchwachsener geräucherter Speck ·
2 Karotten · 2 Zwiebeln · 2 Schalotten ·
$^1/_{10}$ l Weinessig (100 ccm) · $^1/_{10}$ l Wasser
(100 ccm) · 1 Flasche trockener Weißwein ·

*2–3 Knoblauchzehen · 3–5 Nelken ·
1 Messerspitze geriebene Muskatnuß · Salz ·
Pfeffer · 1 Prise getrockneter Thymian ·
einige Lorbeerblätter · 1 Prise getrockneter
Rosmarin · 1 Lammkeule (1 kg) · 1 Eßl.
Butter*
Pro Person etwa 700 Kalorien/2930 Joule

- Zubereitungszeit: 20 Minuten
- Marinierzeit: 24 Stunden
- Garzeit: 50 Minuten

So wird's gemacht: Für die Marinade den
Speck in Scheibchen schneiden, die Karotten
schaben und in Stifte schneiden, die Zwiebeln
und die Schalotten schälen und feinhacken. •
Den Weinessig mit dem Wasser und dem
Wein mischen, die Karotten, die Zwiebeln
und die Schalotten hineingeben. Die Knob-
lauchzehen zerquetschen. Die Marinade mit
dem Knoblauch, den Nelken, der geriebenen
Muskatnuß, Salz, Pfeffer, dem Thymian, dem
Lorbeer und dem Rosmarin würzen. • Die
Lammkeule in die Marinade legen und 24
Stunden darin lassen. Ab und zu umdrehen. •
Am nächsten Tag das Fleisch aus der Marinade nehmen und mit Küchenkrepp abtupfen.
Die Speckscheiben aus der Marinade fischen.
Die Marinade in einen Topf geben und so lange kochen, bis sie etwa auf 1/3 eingekocht ist. •
Die Speckscheiben auf die Keule legen, sie
werden mitgebraten. Die Butter in einer Bratenpfanne zerlassen, die Keule darin anbraten, dann im vorgeheizten Backofen auf der
mittleren Schiene bei etwa 220 °C 50 Minuten
braten. Ab und zu mit etwas Marinade begießen. • Die Sauce durch ein Sieb gießen und
zum Braten servieren.

Das paßt dazu: grüne Bohnen. Ein Irancy, ein
leichter roter Burgunder, schmeckt gut dazu.

Rognons sautés au Chablis

Kalbsnieren in Weißwein

Diesen Leckerbissen setzte uns unser Onkel
in Paris vor. Wenn kein Chablis zur Hand ist,
tut es natürlich auch ein anderer Weißwein,
doch so herb wie Chablis sollte er unbedingt
sein.

*250 g Champignons · 2 Schalotten oder
1 Zwiebel · 4 Kalbsnieren · 2 Eßl. Butter ·
Salz · Pfeffer · 1/5 l Chablis (200 ccm) oder
ein anderer durchgegorener Weißwein ·
3 Teel. scharfer Senf · 1/2 Bund Petersilie*
Pro Person etwa 390 Kalorien/1635 Joule

- Zubereitungszeit: 30 Minuten

So wird's gemacht: Die Champignons putzen
und kleinschneiden. Die Schalotten oder die
Zwiebel schälen und sehr fein hacken. Die
Nieren von den Häuten befreien und in
Scheibchen schneiden. • In einer kunststoffbeschichteten Pfanne 1 Eßlöffel Butter zerlassen, die Nieren auf beiden Seiten braten, salzen und pfeffern. Nach 10 Minuten aus der
Pfanne nehmen und warm stellen. • Während
die Nieren in der Pfanne braten, die Champignons in der restlichen Butter dünsten, die gehackten Schalotten dazugeben, mit dem Wein
löschen. Die Flüssigkeit auf großer Flamme
einkochen lassen und den Senf hinzufügen.
Die Hitze reduzieren, nicht mehr kochen lassen. • Die Petersilie hacken und in die Sauce
geben. Das Ganze über die Nieren gießen und
sofort servieren.

Das paßt dazu: trockener Reis oder »echt

französisch« einfach Weißbrot und derselbe Wein, der für die Sauce verwendet wurde.

> **Mein Tip** Dieses Rezept erfordert etwas Geschicklichkeit. Stellen Sie sich alle Zutaten und sämtliches Geschirr in Reichweite, schälen und zerkleinern Sie alles vorher, was geschält und zerkleinert werden muß, damit es dann ganz schnell geht und die Nieren nicht zu lange auf die Sauce warten müssen.

Tripes neuchâteloises

Kutteln Welschschweizer Art

Nicht jeder mag Kutteln. Mancher glaubt gar, sie seien etwas Schmutziges. Tripes ist genau gesagt Kuhmagen. Auf deutschen Märkten bekommt man Kutteln vorgekocht. Man braucht sie eigentlich nur heißzumachen, aber es ist besser, wenn man sie noch etwa 40 Minuten mit Gemüse kocht, damit sie etwas von dessen Geschmack annehmen. Dieses Rezept stammt aus der Welschschweiz, ist also nicht ganz »echt französisch«. Es ist jedoch nicht so bekannt wie die Tripes à la mode de Caen und schmeckt uns besonders gut. Und französisch wird in Neuchâtel schließlich auch gesprochen.

1250 g vorgekochte, blanchierte Kutteln (Netzmagen oder Pansen) · 3–5 Karotten · 3–5 Stangen Lauch (Porree) · ¹/₂ Sellerieknolle · Salz · Pfeffer
Pro Person ohne Sauce etwa 300 Kalorien/ 1255 Joule

- Zubereitungszeit: 20 Minuten
- Garzeit: 40–60 Minuten

Für die Sauce vinaigrette:
4 hartgekochte Eier · 2 rohe Eigelbe · 14 Eßl. Olivenöl · 6 Eßl. Weinessig · 1¹/₂ Teel. scharfer Senf · etwas weißer Pfeffer · 2 Teel. Kapern · 1 Eßl. gehackte Petersilie · 1 Eßl. gehackter Kerbel · 4 Eßl. Rotwein

- Zubereitungszeit: 10 Minuten

Für die Mayonnaise:
2 Eigelbe · Salz · gutes Olivenöl · eventuell etwas Senf

- Zubereitungszeit: 20 Minuten

So wird's gemacht: Die Kutteln in etwa 8 × 4 cm große Stücke schneiden. Die Karotten, den Lauch und die Sellerie putzen und kleinschneiden. • In einem Topf Wasser das Gemüse mit den Kutteln aufsetzen. Salzen. Etwa 40 bis 60 Minuten kochen lassen. • Die Kutteln mit dem Schaumlöffel herausnehmen und mit der Sauce Vinaigrette und/oder der Mayonnaise servieren.
Für die Sauce vinaigrette die gekochten Eigelbe zerdrücken und mit den rohen Eigelben, dem Öl, dem Weinessig, dem Senf, dem Pfeffer, den Kapern, der Petersilie und dem Rotwein verrühren. Die Eiweiße feinhacken und unter die Sauce mischen.
Für die Mayonnaise die Eigelbe in eine Schüssel geben, salzen. Unter ständigem Rühren tropfenweise das Öl zugeben, bis sich eine feste Mayonnaise ergibt. • Eventuell mit wenig scharfem Senf würzen. • Natürlich kann man auch fertige Mayonnaise verwenden, doch uns schmeckt gerade zu diesem Gericht eine handgerührte mit kaltgeschlagenem Olivenöl

noch besser. • Die beiden Saucen bietet man zur Auswahl an.

Das paßt dazu: Pellkartoffeln und ein Neuchâteler oder ein anderer herb-spritziger Weißwein.

Tripes à la mode de Caen

Kutteln normannische Art
Bild Seite 46

Dies ist das bekannteste Kuttelgericht. Es wird auch oft kalt als Vorspeise gereicht. In vielen Metzgerläden in Nordfrankreich und der Bretagne kann man es fertig kaufen. Die Sauce ist dann zu Gelee erstarrt. Die Mengen im folgenden Rezept sind für ein Hauptgericht gedacht. Eigentlich muß man das Gericht etwa 10 Stunden langsam kochen lassen. Wir nehmen vorgekochte Kutteln und kochen dann noch 2 bis 3 Stunden, je nachdem wieviel Zeit wir haben, damit sich die Geschmäkker der Gemüse und Gewürze gut vereinen.

Für 6 Personen:
1 kg vorgekochte Kutteln (Netzmagen oder Pansen) · 2 kleingehackte Kälberfüße ·
125 g Speckschwarten · 2 Karotten ·
4 Zwiebeln · 1 Stange Lauch (Porree) ·
2 Knoblauchzehen · 4 Nelken · 1 Bouquet garni (siehe Seite 9) · etwa $^1/_2$ Flasche herber Cidre (Apfelwein aus der Normandie) ·
1 Gläschen Calvados (2 cl)
Pro Person etwa 380 Kalorien/1590 Joule

- Zubereitungszeit: 40 Minuten
- Garzeit: 2–10 Stunden

So wird's gemacht: Die Kutteln in etwa 4 × 8 cm große Vierecke schneiden und noch einmal gut waschen. Das Fleisch von den Kälberfüßen lösen und kleinschneiden. Die Gemüse putzen und nicht zu klein schneiden. • Einen gußeisernen Schmortopf mit den Speckschwarten auslegen, darauf die Knochen der Kälberfüße, das Gemüse, die Gewürze und das Bouquet garni geben. Zuoberst die Kutteln mit den Fleischstückchen von den Kälberfüßen legen. Den Cidre zugießen, und zwar so viel, daß die Kutteln gerade bedeckt sind. Den Calvados dazugeben. • Den Topf mit dem schweren Deckel gut verschließen. Bei kleinster Hitze kochen lassen, je länger desto besser. Wenn man wenig Zeit hat, genügen 2 bis 3 Stunden.

So wird angerichtet: Die Knochen und das Bouquet entfernen, die Sauce entfetten. Das Gericht am besten im Topf servieren, damit keine Hitze verloren geht. Die Teller sehr heiß auf den Tisch stellen.

Das paßt dazu: Stangenweißbrot und viel herber Cidre aus der Normandie, den es bei uns jetzt schon fast überall zu kaufen gibt.

Mit einem Franzosen ein Huhn einzukaufen, ist ein Vergnügen – aber ein zeitraubendes. Da gibt es nicht den kurzentschlossenen Griff in die Tiefkühltruhe, sondern es wird mit kriminalistischem Instinkt nach dem Lebenslauf und den Freßgewohnheiten des Tieres geforscht. Und man erhält fachkundig Auskunft. In Frankreich schmeckt man wieder, daß Hühnerfleisch eine Delikatesse sein kann. Doch das soll Ihnen nicht den Mut nehmen, die nachfolgenden Rezepte, die der Vorliebe der Franzosen für Hühnergerichte entsprungen sind, auch mit einheimischem Tiefkühlgeflügel zu probieren. Das Gleiche gilt auch für die Entenrezepte.

Wild und Wildgeflügel werden im waldreichen Frankreich ebenfalls in vielen Variationen geschätzt. Ein paar für Sie wahrscheinlich unbekannte Zubereitungsarten finden Sie im folgenden Kapitel.

Poule Henri IV

Sonntagshuhn im Topf

Ein Huhn im Topf zu haben, bedeutet unseren Zeitgenossen nicht mehr allzuviel, und von der Sonntagstafel ist es nahezu verbannt. Dennoch nenne ich dieses Gericht »Sonntagshuhn«, weil es so gut schmeckt und deshalb an jedem Tag sonntäglich stimmt. Das Rezept stammt übrigens aus der Gascogne im Südwesten Frankreichs.

Etwa 3 l Wasser · 250 g Karotten · 250 g weiße Rüben · 2 Stangen Lauch (Porree) 500 g Rindfleisch (Wadschenkel) · 1 küchenfertiges mittelgroßes junges Huhn 1 Zwiebel · 5 Nelken · 1 Bouquet garni (siehe Seite 9) · 1 Markknochen · Salz · 1 trockenes Brötchen vom Vortag · 50 g durchwachsener geräucherter Speck · 50 g roher Schinken · 1 Knoblauchzehe · 1 Bund Petersilie · 1 Zweiglein Estragon · 1 Schalotte oder ¹/₂ Zwiebel · Pfeffer · 1 Ei
Pro Person etwa 735 Kalorien/3075 Joule

● Zubereitungszeit: 40 Minuten
● Garzeit: etwa 4 Stunden

So wird's gemacht: In einem großen Suppentopf das Wasser zum Kochen bringen. • Inzwischen die Gemüse waschen, putzen und nicht zu klein schneiden. Die Gemüse mit dem Rindfleisch und den Hühnerinnereien in das kochende Wasser geben. Die Zwiebel mit den Nelken spicken und mit dem Bouquet garni und dem Knochen in den Topf geben. Salzen. Das Ganze 2 Stunden kochen lassen. • Das Brötchen einweichen und ausdrücken. Den Speck und den Schinken feinhacken. Zusammen mit dem ausgedrückten Brötchen in eine Schüssel geben. Die Knoblauchzehe zerquetschen, die Petersilie und den Estragon feinhacken, die Schalotte oder die halbe Zwiebel schälen und kleinschneiden. Die Gewürze mit der Brötchenmasse verkneten, salzen, pfeffern. Zum Schluß mit dem Ei binden. • Das Huhn mit der Farce füllen, zunähen. • Nach 2 Stunden Kochzeit das Huhn zu dem Rindfleisch und den Gemüsen in den Topf geben und je nach Größe und Alter etwas mehr oder weniger als 2 Stunden kochen lassen.

So wird angerichtet: Das Fleisch auf einer Platte servieren. Die Gemüse extra reichen. Die Brühe für den nächsten Tag aufheben.

Das paßt dazu: Cornichons und Brot. Getrunken wird ein »schwarzer« Wein aus Ca-

Die Küche mit Wein ist ein Privileg der Weinbau-
länder, »Coq au vin«, einer ihrer bekanntesten Ver-
treter. Rezept auf dieser Seite.   ▷

hors oder ein anderer herber, kräftiger
Rotwein.

Variante: Für 2 bis 3 Personen kann man den
Sud auch ohne Rindfleisch nur mit Knochen
und Gemüse herstellen. Dann verkürzt sich
die Zubereitungszeit um 1 bis 1$^1/_2$ Stunden.

Coq au vin

Hähnchen in Wein
Bild gegenüber

Coq au vin ist das klassische Hühnerrezept
par excellence. Natürlich hat jede Landschaft
ihren speziellen Coq au vin, mit ihrem Landwein zubereitet. Eine Variante mit Weißwein
ist der Coq au Riesling aus dem Elsaß. Nach
einer Umfrage bei unseren Freunden haben
wir uns für die Burgunder Art entschlossen.
Sie ist auch uns die liebste.

2 kleine küchenfertige Hähnchen · 6–8 kleine
Zwiebeln · 100 g durchwachsener
geräucherter Speck · 4 Eßl. Butter ·
1 gestrichener Eßl. Mehl · 2 Schalotten ·
$^1/_2$ l guter Rotwein, am besten Burgunder ·
2 Gläschen Cognac (4 cl) · 1 Bouquet garni
(siehe Seite 9) · 1 Lorbeerblatt ·
1 Messerspitze geriebene Muskatnuß · Salz ·
Pfeffer · 150 g Champignons
Pro Person etwa 885 Kalorien/3705 Joule

● Zubereitungszeit: 80 Minuten

So wird's gemacht: Die Hähnchen in Portionsstücke zerteilen. ● Kleine Zwiebeln nur
schälen, größere Zwiebeln schälen und in
Viertel schneiden, den Speck würfeln. ● 3 Eßlöffel Butter zusammen mit den Zwiebeln und

dem Speck in einen Schmortopf geben, ein
paar Minuten schmoren lassen, bis die Zwie-
belstücke und die Speckwürfel glasig sind.
Zwiebeln und Speck herausnehmen und beiseite stellen. ● Die Hühnerteile in dem Fett
anbraten, das Mehl anstäuben. ● Die Schalotten schälen, feinhacken und zugeben. Das
Ganze wieder ein paar Minuten schmoren lassen. ● Den Wein angießen, den Cognac zugeben ebenso wie das Bouquet garni, das Lorbeerblatt und die geriebene Muskatnuß. Salzen, pfeffern. Den Topf zudecken und das
Ganze 30 Minuten bei kleiner Hitze langsam
köcheln lassen. ● Während der Zeit die Champignons in einem anderen Topf in Butter garen. ● Wenn die Hühnerteile gar sind, das
Fleisch herausnehmen und warm stellen. ● Die
Sauce durch ein Sieb gießen. Die Champignons, die Zwiebeln und die Speckwürfel wieder in die Sauce geben. Noch einmal erhitzen. ● Dann die Hühnerteile mit der Sauce
übergießen und servieren.

Das paßt dazu: Stangenweißbrot und der gleiche Rotwein, der für die Sauce verwendet
wurde.

Poulet Marengo

Marengo-Huhn

Ein klassisches und beliebtes Hühnerrezept.
Der Name erinnert an das Dorf Marengo in
der Provinz Alessandria, wo Napoleon über
die Österreicher siegte.

1 küchenfertige große Poularde oder
2 kleine Hähnchen · 4 Eßl. Olivenöl ·
2 Knoblauchzehen · Salz · Pfeffer ·
$^1/_2$ Bund Petersilie · $^1/_2$ Bund Schnittlauch ·

◁ »Tripes à la mode de Caen« sollte man ohne Vorurteile probieren – es lohnt sich. Rezept Seite 42.

2 Schalotten · 50 g Champignons ·
²/₁₀ l (200 ccm) Weißwein · 1 Eßl. Tomaten-
püree
Pro Person etwa 485 Kalorien/2030 Joule

● Zubereitungszeit: 1 Stunde

So wird's gemacht: Die Poularde oder die Hähnchen in nicht zu große Teile zerlegen. • Das Öl in einem Schmortopf erhitzen. 1 Knoblauchzehe schälen und hineinpressen, die Hühnerteile dazugeben, salzen, pfeffern. Den Topf ab und zu schütteln und die Hühnerteile wenden, bis sie gar und braun sind. Das dauert je nach Größe der Hühnerteile 30 bis 45 Minuten. • Während die Hühnerteile garen, die Petersilie und den Schnittlauch waschen und feinhacken, die Schalotten und die zweite Knoblauchzehe schälen, die Schalotten kleinschneiden, die Knoblauchzehe zerquetschen, die Champignons putzen und blättrig schneiden. • In einem kleinen Topf den Weißwein erhitzen, die Kräuter, Schalotten, Knoblauch und die Pilze zugeben. Das Tomatenpüree zufügen. 2 Eßlöffel von dem Öl, in dem die Hühnerteile garen, in die Sauce geben, das Ganze 10 Minuten köcheln lassen. • Wenn die Hühnerteile gar sind, das restliche Öl wegschütten. Die Sauce über das Fleisch gießen und noch ein paar Minuten ziehen lassen. Das Ganze in eine tiefe Schüssel füllen und sehr heiß servieren.

Das paßt dazu: gebackene Weißbrotscheiben (Croûtons). Die Franzosen trinken ungern Weißwein zum Essen und würden auch hier einen Rotwein bevorzugen. Ich empfehle trotzdem, den gleichen Wein zu trinken, der in der Sauce enthalten ist.

Poulet en crapaudine

Huhn in grüner Sauce

Dieses Gericht servierte uns eine Freundin in Paris. Wenn es auch nicht klassisch ist, so ist es doch »echt französisch«, denn der Lieblingsvogel der Franzosen wird hier auf ihre Lieblingsart behandelt – er wird mariniert, und zwar in einer grünen Sauce aus frischen Kräutern, die der italienischen Salsa verde nicht unähnlich ist.

3–5 Eßl. gehackte frische Kräuter nach
Jahreszeit, eventuell gemischt mit getrockneten
(zum Beispiel Petersilie, Thymian, Rosmarin,
Salbei, Dill, Zitronenmelisse) · Saft von
1 Zitrone · 6 Eßl. Öl · 2 Knoblauchzehen ·
2 kleine Brathähnchen · 2 Eßl. Butter ·
Salz · Pfeffer
Pro Person etwa 410 Kalorien/1715 Joule

● Zubereitungszeit: 15 Minuten
● Marinierzeit: 3 Stunden
● Garzeit: 40–60 Minuten

So wird's gemacht: Die Kräuter in eine Schüssel geben. Den Zitronensaft dazugießen. Das Öl hinzufügen. Die Knoblauchzehen schälen und in die Marinade pressen. • Das Hähnchen in die Marinade legen und unter öfterem Umwenden etwa 3 Stunden marinieren. • Dann die Hähnchen in eine Bratenpfanne legen, kurz in der Butter anbraten und dann im vorgeheizten Backofen bei etwa 250 °C auf der mittleren Schiene braten. Die Bratzeit beträgt je nach Größe des Geflügels 40 bis 60 Minuten. Das Fleisch ab und zu mit der Marinade bepinseln. • Vor dem Servieren salzen und nach Geschmack eventuell etwas pfeffern.

Das paßt dazu: Strohkartoffeln (Rezept Seite 61) oder Pommes Chips. Ein Beaujolais rundet dieses Gericht vortrefflich ab.

Mein Tip Ich empfehle Ihnen dieses Huhngericht nach einer etwas schwereren Vorspeise und/oder vor einer üppigen Nachspeise. In diesem Fall begnügt man sich für 4 Personen mit einem Hähnchen und läßt eventuell die Beilagen weg.

Poulet à la cervelle

Hühnchen mit Kalbshirn

Dies ist ein Rezept aus der Franche-Comté, der französischen Seite des Jura. Das Gericht kommt den Franzosen in zweifacher Weise entgegen, denn ihre Vorliebe gehört sowohl zartem Hühnerfleisch wie feinen Innerein.

1 Kalbshirn · 1 küchenfertiges großes Brathuhn oder 1 Poularde · Salz · Pfeffer · 1/2 Glas Weißwein
Pro Person etwa 450 Kalorien/1885 Joule

- Zubereitungszeit: 25 Minuten
- Garzeit: 80 Minuten

So wird's gemacht: Das Kalbshirn unter fließendem Wasser von den Häutchen befreien. • Das Huhn waschen, trockentupfen und innen salzen und pfeffern. Das Hirn in die Öffnung

geben, zunähen. • Das Huhn mit dem Weißwein im Römertopf bei 220 °C in etwa 1 Stunde im Ofen weichschmoren. Zum Schluß den Deckel des Römertopfes entfernen und das Huhn 10 bis 15 Minuten bräunen lassen. • Das Huhn aus dem Topf nehmen, in Teile zerlegen. Das Hirn in der Mitte des Tellers, die Hühnerteile außen herum anrichten.

Das paßt dazu: tiefgefrorene oder frische, in Butter geschwenkte, feine junge Gemüse und Stangenweißbrot. Ein Weißwein aus dem Jura oder ein roter Hermitage passen gut dazu.

Variante: Wer eine Trüffel zur Hand hat, sollte das Hirn mit Trüffelstückchen spicken.

Canard à la solognote

Gefüllte Ente fein parfümiert

Dieses Entengericht, das aus der Sologne im südlichen Pariser Becken stammt, besticht vor allem durch die Füllung, deren feines Parfüm nach der eintägigen Lagerung das ganze Entenfleisch durchzieht.

100 g Weißbrot ohne Rinde vom Vortag · 1 bratfertige Ente mit Leber (etwa 1800 g) · 1 Zwiebel · 1 Ei · je 1 Messerspitze getrockneter Rosmarin, Thymian und Sarriette (siehe Seite 9) · 1 Knoblauchzehe · geriebene Muskatnuß · 2 Gläschen Armagnac (4 cl) · Salz · Pfeffer
Pro Person etwa 790 Kalorien/3310 Joule

- Zubereitungszeit: 35 Minuten
- Ruhezeit: 1 Tag
- Garzeit: 2 Stunden

So wird's gemacht: Das Weißbrot in warmem Wasser einweichen. • Nach etwa 10 Minuten das Brot gut ausdrücken und in eine Schüssel geben. Die Entenleber feinhacken oder mit dem Schneidstab zermusen. Die Zwiebel schälen und kleinschneiden. Die Leber, das Ei, die zerriebenen getrockneten Kräuter und die Zwiebel zur Brotmasse geben und gut untermischen. Die Knoblauchzehe zerquetschen oder feinhacken und dazugeben. Etwas geriebene Muskatnuß darüberstreuen. Das Ganze mit dem Armagnac übergießen. Die Füllung 1 Stunde ruhen lassen. • Die Ente waschen, trockentupfen, innen salzen und pfeffern. Die Füllung in die Ente geben. Die Öffnung mit einem Küchenfaden zunähen. Die Ente 1 Tag kalt stellen. • Am nächsten Tag die Ente in der Bratenpfanne oder auf dem Rost im vorgeheizten Backofen bei etwa 250 °C braten. Nach der halben Bratzeit umdrehen. Ab und zu mit etwas kaltem Wasser begießen. • Dann die Ente herausnehmen, auf einer Platte anrichten und warm stellen. Den Bratfond mit etwas Wasser lösen und dazu servieren.

Das paßt dazu: kleine, in Butter geschmorte Zwiebeln und Weißbrot. In Frankreich trinkt man einen burgundischen Landwein dazu.

Variante: Eine etwas herbere Note bekommt die Füllung, wenn man sie statt mit Armagnac mit Cognac parfümiert.

Mein Tip Sarriette oder Bergbohnenkraut bekommt man getrocknet in Geschäften für ausländische Spezialitäten. Leichter erhältlich sind gemischte provenzalische Kräuter. Man kann sie statt Sarriette verwenden.

Canard aux navets
Ente mit weißen Rüben

Dieses Gericht aßen wir bei einem Vetter an der Loire, der uns das Rezept verriet.

500 g Gemüsezwiebeln · 500 g weiße Rüben 4 Eßl. Butter · 1 küchenfertige Ente (knapp 2 kg) · 1 Südweinglas Madeira (5 cl) · 1 Eßl. Tomatenpüree · Salz · Pfeffer · 2 Eßl. Sahne · 1 Gläschen Cognac (2 cl)
Pro Person etwa 1170 Kalorien/4900 Joule

● Zubereitungszeit: 30 Minuten
● Garzeit: $1^1/_2$ Stunden

So wird's gemacht: Die Zwiebeln schälen und je nach Größe vierteln oder grob zerschneiden. Die weißen Rüben schälen und vierteln. In einer Pfanne 2 Eßlöffel Butter auslassen, die Zwiebeln und die Rüben hineingeben und bei kleiner Hitze schmoren. • Die Ente mit der restlichen Butter in der Bratenpfanne anbraten. Mit dem Madeira übergießen, das Tomatenpüree zugeben. Salzen, pfeffern. • 1 Eßlöffel von dem entstehenden Bratfonds über die Zwiebel-Rüben-Mischung geben. Die Sahne ebenfalls untermischen und das Ganze um die Ente in der Bratenpfanne verteilen. Den Cognac angießen. • Den Backofen auf 220 °C vorheizen. Die Ente auf der unteren Schiene einschieben und zugedeckt $1^1/_2$ Stunden braten lassen. Den Braten einmal umdrehen. • Wenn das Fleisch gar ist, die Ente auf einer Platte anrichten. Wenn notwendig, etwas Fett von der Sauce abschöpfen. Die Zwiebeln und Rüben mit der Sauce servieren.

Das paßt dazu: Stangenweißbrot und ein Loire-Rotwein.

Faisan à l'alsacienne

Fasan in Kraut

Diese Art Fasane zuzubereiten ist uns die liebste. Die Vögel bleiben garantiert saftig. Wie die meisten Sauerkrautrezepte stammt auch dieses aus dem Elsaß und wird mit elsässischem Wein zubereitet.

1 kg Sauerkraut · Kümmel · 2 Zwiebeln · 2 Eßl. Schweinefett oder Butter · 2 säuerliche Äpfel · ¹/₄ l Elsässer Weißwein · ¹/₂ l Kalbsknochenbrühe oder Fleischbrühe aus Würfeln · 24 Wacholderbeeren · 12 Pfefferkörner · 2 küchenfertige kleine oder 1 größerer Fasan · 1 große Scheibe frischer Speck zum Umwickeln des Fasans · 125 g magerer geräucherter Speck in Scheiben · 1 kräftig gewürzte Kochwurst
Pro Person etwa 1000 Kalorien/4185 Joule

- Zubereitungszeit: 30 Minuten
- Garzeit: 3 Stunden

So wird's gemacht: Das Sauerkraut waschen und ausdrücken. Etwas Kümmel darüberstreuen. • Die Zwiebeln schälen, hacken und in einen gußeisernen Schmortopf geben. Mit dem Schweinefett anbraten. Wer kein Schweinefett mag, nimmt Butter. • Die Äpfel schälen, vierteln und mit dem Kraut in den Topf geben. Den Weißwein und die Fleischbrühe angießen, mit den Wacholderbeeren und den Pfefferkörnern bestreuen. Den Topf zudecken und das Kraut 2 Stunden bei kleiner Hitze garen. • Kurz vor Ende der Garzeit den Fasan mit dem frischen Speck umwickeln. Die Hälfte des Krauts aus dem Topf nehmen, den geräucherten Speck auf die untere Krautschicht legen, den Fasan daraufbetten, die Kochwurst dazulegen. Das Fleisch mit dem restlichen Kraut bedecken, den Deckel schließen und 1 weitere Stunde schmoren lassen. • Den Fasan auf dem Sauerkraut servieren.

Das paßt dazu: ein Côtes-du-Rhône.

Variante – Elsässischer Sauerkrauttopf
Das Kraut wie oben beschrieben 2 Stunden garen, statt des Fasans 500 g geräucherten Bauchspeck im Kraut vergraben. 1 weitere Stunde garen. Kurz vor Ende der Garzeit ein paar Wiener Würstchen auf das Kraut legen und mit erhitzen. Eventuell noch extra erhitzte Kasseler Koteletts dazu reichen. Zu diesem Essen paßt ein elsässisches Bier oder ein kräftiger Sylvaner.

Perdrix au chou

Rebhuhn im Kohlbett

Für dieses Gericht eignen sich auch Rebhühner, die ihre besten Tage schon hinter sich haben.

1 großer Kopf Weißkohl oder Wirsing · 2 Eßl. Schweineschmalz oder Margarine · 2 küchenfertige Rebhühner · Salz · Pfeffer · 1 Karotte · 1 Zwiebel · 200 g magerer geräucherter Speck · 1 Bouquet garni (siehe Seite 9) · 4 scharf gewürzte Würstchen, zum Beispiel Debracziner · 2 Tassen Fleischbrühe (Würfel)
Pro Person etwa 1100 Kalorien/4605 Joule

- Zubereitungszeit: 35 Minuten
- Garzeit: 1¹/₂ – 2 Stunden

So wird's gemacht: Wasser in einem Topf zum Kochen bringen • Den Strunk aus dem Kohl herausschneiden und die Blätter einzeln in dem kochenden Wasser blanchieren. Abtropfen lassen. • Das Schmalz oder die Margarine in einem Schmortopf zerlassen. Die Hälfte des Kohls hineingeben. Die Rebhühner auf den Kohl legen. Salzen, pfeffern. • Die Karotte schaben, die Zwiebel schälen, beides kleinschneiden. Den Speck in grobe Scheiben schneiden. Die Gemüse und den Speck ebenso wie das Bouquet garni und die Würstchen in den Topf geben. Mit dem restlichen Kohl abdecken. Die Fleischbrühe angießen, eventuell noch etwas nachwürzen. • Den Deckel schließen und das Gericht, je nach Alter der Rebhühner, in 1 1/2 bis 2 Stunden garen. • Die garen Rebhühner herausnehmen und die Gemüse und den Speck darum garnieren.

Das paßt dazu: Landbrot und ein Côte-Rotie oder ein Bordelaiser Landwein.

Variante: Das gleiche Rezept eignet sich auch für einen älteren Fasan.

Lapin à la bressane

Kaninchen in Sahnesauce

Dieses Rezept stammt aus Bresse in Burgund, der Heimat des besten französischen Geflügels. Dort versteht man auch entsprechend gut zu essen. Die Art der Zubereitung ist besonders schmackhaft, weil der zarte Geschmack des Kaninchenfleisches voll zur Geltung kommt und nicht durch zu viele Gewürze überdeckt wird. Der Speck macht das Gericht etwas kräftiger.

1 küchenfertiges Kaninchen (etwa 1300 g) · 200 g durchwachsener geräucherter Speck · 1 Zwiebel · 1 Knoblauchzehe · 3 Eßl. Butter · 1 gestrichener Eßl. Mehl · 1/5 l trockener Weißwein (200 ccm) · 3 Eßl. guter Weinessig · 1 Messerspitze geriebene Muskatnuß · Pfeffer · Salz · 2 Eigelbe · 1/10 l Sahne (100 ccm)
Pro Person etwa 1015 Kalorien/4250 Joule

● Zubereitungszeit: 20 Minuten
● Garzeit: 1 Stunde

So wird's gemacht: Das Kaninchen in Portionsstücke zerlegen. Den Speck in grobe Würfel schneiden. Die Zwiebel und die Knoblauchzehe schälen, die Zwiebel feinhakken, die Knoblauchzehe zerquetschen. • Die Butter in einem größeren Schmortopf zerlassen, die Kaninchenstücke darin anbraten. Den Speck dazugeben und einige Minuten bräunen lassen. Das Mehl darüberstäuben. Mit dem Wein und dem Essig löschen. Die Zwiebel, den Knoblauch und die geriebene Muskatnuß zugeben. Pfeffern, salzen. • Den Deckel auf den Topf legen und das Kaninchen bei kleiner Hitze 1 Stunde lang garen. • Die Fleischstücke auf einer vorgewärmten Platte anrichten. • Die Sauce mit den Eigelben und der Sahne binden und über das Fleisch gießen. Sofort servieren.

Das paßt dazu: Brot und ausnahmsweise ein weißer Burgunder, zum Beispiel ein Pouilly-Fuissé. Außer diesem sehr kostbaren Weißwein paßt auch ein einfacherer, aber er sollte ziemlich trocken sein.

Lièvre vigneron

Hase Winzerart
Bild Seite 35

Dies ist eine besonders köstliche und dabei einfache Art, Hasenfleisch zuzubereiten.

1 Karotte · 1 Knoblauchzehe · 1 Bund Petersilie · ¹/₄ l Wasser (250 ccm) · ¹/₄ l guter Weinessig · ¹/₂ Teel. getrockneter Thymian · 2–3 Lorbeerblätter · Salz · grob gemahlener Pfeffer · 1 Paar Hasenkeulen oder 1 Hasenrücken · 2 Eßl. Butter · 1 Teel. edelsüßes Paprikapulver · 1 Gläschen Cognac (2 cl) · ¹/₁₀ l Sahne (100 ccm) · ¹/₄ Teel. scharfer französischer Senf · etwa 10–12 Weinbeeren
Pro Person etwa 380 Kalorien/1590 Joule

- Zubereitungszeit: 30 Minuten
- Marinierzeit: 2 Tage
- Garzeit: 45–50 Minuten

So wird's gemacht: Die Karotte schaben und kleinschneiden, die Knoblauchzehe schälen und zerdrücken, die Petersilie hacken. •In einem großen Gefäß das Wasser mit dem Weinessig mischen, die Karotte, den Knoblauch, die Petersilie, den Thymian und das Lorbeerblatt zugeben. Salzen, pfeffern. •Das Hasenfleisch für 2 Tage in diese Marinade legen. • Dann das Fleisch herausnehmen, mit Küchenkrepp abtupfen. • In einer kunststoffbeschichteten Pfanne oder einem schweren Topf die Butter zerlassen, das Fleisch hineingeben, mit dem Paprika, Salz und Pfeffer würzen und zugedeckt bei kleinster Hitze 40 bis 45 Minuten dünsten. •Wenn es fast gar ist, das Fleisch herausnehmen, mit Cognac übergießen und den Cognac anzünden. Das Fleisch in einem feuerfesten Gefäß warm stellen. •Den Bratfond mit der Sahne lösen, den Senf hineinrühren und nach Belieben scharf abschmecken. Die Sauce über das Fleisch gießen. Die Weinbeeren schälen, entkernen und in die Sauce geben. Das Ganze nicht mehr kochen, sondern nur noch etwa 5 Minuten bei kleiner Hitze ziehen lassen.

Das paßt dazu: Kartoffelkroketten (Rezept Seite 59) oder Kartoffelpüree und ein Bordeaux.

Eintöpfe zum Schlemmen

Die Eintöpfe, die ich Ihnen im folgenden Kapitel vorstelle, haben nichts mit Waschtag oder Spartag zu tun. Es sind Schlemmertöpfe, aus denen es appetitlich und würzig duftet – Urbild bester Hausmacherküche. Im Restaurant bekommt man Eintöpfe so gut wie nie. Ein Grund mehr für Sie, Ihre Familie einmal mit einem »echt französischen« zu erfreuen.

Bouillabaisse

Fischsuppe Mittelmeer

Viele unserer Freunde meinten früher, Bouillabaisse könne man nur in Saintes-Maries-de-la-Mer essen. Sicherlich, die Fischsuppe im Angesicht des Meeres zu genießen, hat etwas Einmaliges. Aber soll man in den oft langen Pausen zwischen zwei Besuchen in Südfrankreich ganz auf das Vergnügen verzichten? Und wollen Sie Ihren Freunden, die noch nie dort waren, nicht vielleicht den Mund wäßrig machen? Es gelingt Ihnen bestimmt. Das Rezept ist nicht schwierig und hatte bei uns immer großen Erfolg. Unsere Freunde haben daher ihre Meinung längst geändert!

*1 kg tiefgefrorene Mittelmeerfische ·
1 Zwiebel · 4 gekochte Kartoffeln ·
4 große Tomaten · 4 Eßl. Olivenöl ·
4 Knoblauchzehen · 1 Eßl. gehackte
Petersilie · 4 Lorbeerblätter · Salz · Pfeffer ·
0,6 g Safran (4 Päckchen à 0,15 g) ·
1 l Wasser · 8 kleine Scheiben Weißbrot*
Pro Person etwa 550 Kalorien/2300 Joule

- Auftauzeit: 2 Stunden
- Zubereitungszeit: 1 Stunde
- Garzeit: 15–20 Minuten

So wird's gemacht: Die Fische auftauen lassen, sorgfältig waschen, schuppen und ausnehmen. Die Köpfe und Schwänze abschneiden, die Flossen mit den daranhängenden Gräten entfernen. • Die Zwiebel schälen und feinhacken, die gekochten Kartoffeln in Scheiben schneiden, die Tomaten kurz in kochendheißes Wasser tauchen, häuten und kleinschneiden. • In einen großen Topf das Olivenöl und die Zwiebel geben, bei großer Hitze leicht anbräunen lassen. Die Tomaten zugeben. Die Knoblauchzehen schälen und hineinpressen. Die Gewürze und die Kartoffelscheiben zufügen. Die Hitze reduzieren. • Während die Mischung sanft köchelt, das Wasser zum Kochen bringen. • Die Fische nach etwa 10 Minuten in den Topf mit der Kartoffelmischung geben, kurz mitköcheln lassen, dann das kochende Wasser zugießen. • Die Hitze wieder auf höchste Stufe stellen und die Suppe 15 bis 20 Minuten kochen lassen. • Inzwischen das Brot schneiden und trocken in einer Pfanne rösten.

So wird angerichtet: Mit dem Schaumlöffel die Fische vorsichtig aus der Suppe heben und auf eine vorgewärmte Platte legen. Die Kartoffelscheiben um die Fische garnieren. • Die gebackenen Brotscheiben in eine Suppenterrine legen, den Sud darübergießen. • Jeder Gast bekommt einen Suppenteller und einen kleinen flachen Teller. Zuerst bedient sich jeder mit Fisch und legt ihn auf den flachen Teller. Mit zwei Gabeln oder einem Fischbesteck entfernt man Mittelgräte und eventuell noch vorhandene weitere Gräten. Dann gibt man das Fischfleisch in den tiefen Teller, nimmt sich Kartoffelscheiben und gießt die Suppe mit den Brotscheiben darüber.

Das paßt dazu: eine scharfe Rouille (Rezept

Seite 61), noch mehr Stangenweißbrot und ein Weiß- oder Roséwein aus der Provence.

Mein Tip Mittelmeerfische gibt es inzwischen in jedem Supermarkt, aber auch in Geschäften für südländische Spezialitäten. Wir nehmen Gelbstriemen, Sardinen, Seehecht und andere grätenarme Fische. Nicht gut geeignet sind Brassen, weil man wegen der Gräten bei Tisch zuviel Arbeit damit hat.

Bouillabaisse aux œufs

»Fischsuppe« ohne Fisch

Auch dieses Rezept stammt von Nicole, der Provenzalin. Es handelt sich um das Original-Bouillabaisse-Rezept für die Suppe, nur daß keine Fische, sondern pochierte Eier darin schwimmen.

1 große Zwiebel · 4 Eßl. Olivenöl ·
4 große oder 8 kleine Kartoffeln ·
1 Eßl. Tomatenpüree · Salz · Pfeffer ·
1 Knoblauchzehe · 1 Messerspitze Safran ·
4 Scheiben Weißbrot · 4 Eier
Pro Person etwa 360 Kalorien/1505 Joule

● Zubereitungszeit: 40 Minuten

So wird's gemacht: Die Zwiebel kleinschneiden. In einem gußeisernen Schmortopf das Öl erhitzen, die Zwiebel hineingeben und glasig werden lassen. •Inzwischen die Kartoffeln schälen und in 5 bis 7 mm dicke Scheiben

schneiden. In den Topf geben und mitschmoren lassen. Einen Topf mit Wasser aufsetzen. •Das Tomatenpüree in den Schmortopf geben. Salzen, pfeffern. Die Knoblauchzehe zerquetschen und dazugeben. Kochendes Wasser dazugießen, bis die Kartoffeln bedeckt sind. 15 bis 20 Minuten kochen lassen. • Den Safran hinzufügen. •Die Brotscheiben in eine Servierschüssel legen. •Wenn sie fast weich sind, die Kartoffelscheiben beiseiteschieben, die Eier aufschlagen, in einen Schöpflöffel oder eine Untertasse geben und vorsichtig in die Suppe gleiten lassen (siehe Zeichnung auf Seite 12). Wenn das Eiweiß fest ist, die Suppe mit den Eiern vorsichtig über die Brotscheiben gießen.

Das paßt dazu: noch mehr Stangenbrot und ein provenzalischer Landrotwein.

Poulet en bouillabaisse

Hähnchen nach Art der Fischsuppe

Wer wie die Franzosen gern Hähnchen ißt und Bouillabaisse liebt, der sollte das Lieblingsgeflügel mal in der Lieblingssuppe servieren.

100 g Lauch (Porree) · 2 Zwiebeln ·
4 Knoblauchzehen · 4 große Tomaten ·
6 Eßl. Olivenöl · Salz · Pfeffer · 1 Bouquet
garni (siehe Seite 9) · 1 g Safran ·
1 küchenfertiges großes oder 2 kleine
Hähnchen (etwa 1500 g) · 1 Glas trockener
Weißwein (200 ccm) · ²/₁₀ l Sahne
(200 ccm) · 1 Eßl. gehackte Petersilie
Pro Person etwa 770 Kalorien/3225 Joule

- Zubereitungszeit: 20 Minuten
- Marinierzeit: 1 Stunde
- Garzeit: 40 Minuten

So wird's gemacht: Den Lauch putzen und in feine Scheibchen schneiden. Die Zwiebeln und den Knoblauch schälen und feinhacken. Die Tomaten kurz in kochendheißes Wasser tauchen, häuten und kleinschneiden. • 4 Eßlöffel Olivenöl in einem großen Topf erhitzen, die Gemüse hineingeben. Salzen, pfeffern. Das Bouquet garni und den Safran zugeben. Das Ganze etwa 20 Minuten bei kleiner Hitze köcheln lassen. Kühl stellen. • Das oder die Hähnchen je nach Größe in 4 bis 8 Teile zerlegen, die Teile in eine Schüssel geben und die abgekühlte Marinade darübergießen. 1 Stunde ziehen lassen. • Nach dieser Zeit die Hähnchenteile abtropfen lassen. Den Rest des Öls in einem Schmortopf erhitzen, die Hähnchenteile scharf anbraten. Das Öl wegschütten und stattdessen die Marinade zufügen. Umrühren. Den Wein angießen. 20 Minuten auf kleiner Flamme kochen lassen. • Zum Schluß die Sahne angießen. Das Ganze noch einmal kurz erhitzen, jedoch nicht mehr kochen lassen. Mit Petersilie bestreut servieren.

Das paßt dazu: Stangenweißbrot und ein Elsässer Riesling oder Sylvaner.

Mein Tip Sie können das Hähnchen auch servieren, wie auf Seite 53 für die Fischsuppe beschrieben. So lassen sich die Knochen leichter aus dem Fleisch lösen.

Pot-au-feu
Bauern-Eintopf
Bild Seite 36

Es gibt viele wohlschmeckende Eintöpfe in Frankreich, jede Gegend hat ihre Spezialität. Es lohnt sich immer, sie zu probieren, wenn Pot-au-feu oder Potée auf der Speisekarte steht. Diesen hier bekamen wir von einem Vetter in der Nähe von Paris vorgesetzt. Er schmeckt uns immer besonders gut nach einer Reihe von Festtagen.

1 küchenfertiges Suppenhuhn (750 g) · 500 g Suppenfleisch vom Rind · Suppenknochen · 5 Lorbeerblätter · Salz · 500 g Karotten · 350 g weiße Rüben · 4 kleine oder 2 große Zwiebeln · 350 g Lauch (Porree) · Pfeffer · 1 Gläschen Cognac (2 cl) · 2 Eßl. gehackte Petersilie
Pro Person etwa 770 Kalorien/3225 Joule

- Zubereitungszeit: 30 Minuten
- Garzeit: 3 Stunden

So wird's gemacht: Einen großen Topf mit Wasser zum Kochen bringen. Das Huhn, das Rindfleisch mit den Knochen und die Lorbeerblätter hineingeben, salzen und $2^1/_2$ Stunden bei kleiner Hitze kochen lassen. Die Brühe ab und zu abschäumen. • Inzwischen die Karotten schaben und der Länge nach vierteln oder achteln, je nach Dicke der Wurzeln. Die weißen Rüben schälen und vierteln. Wenn sie sehr klein sind, ganz lassen. Die Zwiebeln schälen und je nach Größe vierteln oder ganz lassen. Den Lauch putzen. • Nacheinander die Gemüse in die kochende Fleischbrühe geben: zuerst die Karotten, dann die weißen Rüben und die Zwiebeln, zum Schluß den Lauch. Sieden lassen, bis alle Gemüse weich sind.

So wird angerichtet: Das Suppenfleisch mit dem Schaumlöffel herausheben und auf einer Platte anrichten. Das Suppenhuhn in Portionsstücke zerlegen und auf die Platte geben. Die Gemüse nach Sorten getrennt um das Fleisch herumlegen. • Die Brühe mit Pfeffer und Salz abschmecken und mit einem Gläschen Cognac parfümieren. Die Brühe getrennt in einer Suppenschüssel servieren. • Jeder Gast legt sich nach Geschmack Fleisch und Gemüse in einen tiefen Teller, löst das Fleisch von den Knochen und gießt dann die Fleischbrühe darüber. Ein Schälchen mit frischer Petersilie steht auf dem Tisch, aus dem sich jeder bedienen kann, wie es ihm gefällt. Der Reiz dieser Art, Eintopf zu servieren, liegt darin, daß jeder die Zusammensetzung, die ihm am besten schmeckt, selbst wählen kann.

Das paßt dazu: in Butter geröstete Weißbrotscheiben. Wer auf seine Linie achten muß, läßt die Butter weg.

Variante: Statt weißen Rüben einen kleinen ganzen Wirsing- oder Weißkohl mitkochen lassen. Auch mit Petersilienwurzeln oder Kohlrabi kann man das Gericht abwandeln.

Bœuf bourguignon

Burgundisches Rindfleisch

Wieder ein delikater Bauerneintopf aus dem Land der köstlichen Speisen und der unvergleichlichen Weine.

Etwa 100 g geräucherter Speck · 8 Karotten · 250 g Zwiebeln · 250 g Champignons · 750 g Rindfleisch von der Rose, in fingerdicke Scheiben mit der Faser geschnitten · Salz · Pfeffer · 2 Knoblauchzehen · 1 Gläschen Cognac (2 cl), oder, wenn möglich Weinbrand aus Burgund · $^1/_2$ l herber Rotwein, wenn möglich Burgunder
Pro Person etwa 885 Kalorien/3705 Joule

● Zubereitungszeit: 30 Minuten
● Garzeit: 5 Stunden

So wird's gemacht: Den Speck in dünne Scheiben schneiden. Die Karotten putzen und feinhobeln, die Zwiebeln schälen und hacken. Die Champignons putzen und kleinschneiden. • Einen Schmortopf mit der Hälfte der Speckscheiben auslegen. Die Hälfte der Karottenscheiben und der Zwiebelwürfel darauflegen. Darauf eine Schicht Rindfleisch. Salzen, pfeffern. 1 Knoblauchzehe zerquetschen und dazugeben. Die zweite Hälfte Karottenscheiben und Zwiebelwürfel und eine weitere Schicht Fleisch darauflegen. Das Fleisch wieder pfeffern, salzen und mit der zweiten Knoblauchzehe würzen. Die Champignons dazugeben. Mit einer Schicht dünner Speckscheiben abschließen. Den Cognac und den Rotwein angießen • Den Topf fest mit dem Deckel verschließen. Wenn ein Boucuse-Topf (siehe Seite 13) vorhanden ist, Eisstückchen in den Deckel legen. • 5 Stunden bei ganz kleiner Hitze kochen lassen. • Das Gericht im Topf servieren, den Deckel erst bei Tisch öffnen.

Das paßt dazu: ein Burgunder, wenn möglich aus Givry oder Rully, schmeckt köstlich dazu. Auf jeden Fall sollte es ein möglichst weicher Rotwein sein.

Pipérade

Paprika mit Schinken

Ein baskisches Nationalgericht und ein leichtes sommerliches Alltagsessen, das nicht viel Arbeit macht.

4 rote Paprikaschoten · 4 Fleischtomaten ·
3 Eßl. Olivenöl · Salz · Pfeffer ·
1 Knoblauchzehe · 6 Eier · 1 Bund
Petersilie · 1 Teel. Schweineschmalz · 400 g
roher Schinken, am besten Bayonne-Schinken
Pro Person etwa 735 Kalorien/3075 Joule

- Zubereitungszeit: 20 Minuten
- Garzeit: 30 Minuten

So wird's gemacht: Die Paprikaschoten waschen, entkernen und in dünne Ringe schneiden. Die Tomaten kurz in kochendheißes Wasser tauchen, die Haut abziehen. Die Tomaten kleinschneiden. • Das Olivenöl in einem Schmortopf erhitzen. Zuerst die Paprikaringe und nach ein paar Minuten die Tomatenstücke in das heiße Öl geben. • Das Ganze etwa 25 Minuten bei kleiner Hitze köcheln lassen. • Salzen, pfeffern. Die Knoblauchzehe schälen, zerquetschen und zugeben. • Die Eier in eine Schüssel schlagen und mit dem Schneebesen gut verrühren. Die Petersilie waschen, hacken und zugeben. • Wenn das Gemüse zu Brei zerkocht ist, die Eimasse unter Rühren dazugeben. Die Eier kurz stocken lassen. Das Ganze muß jedoch weich bleiben und darf nicht die Konsistenz einer Omelette bekommen. Das Schmalz in einer Pfanne erhitzen. Die Schinkenscheiben kurz darin braten. Das Fett abgießen und den Schinken zusammen mit dem Gemüse servieren.

Das paßt dazu: Stangenweißbrot und ein Rosé aus Béarn oder Südfrankreich.

Variante: Wer's scharf liebt, gibt noch 1 bis 2 scharfe Pfefferschoten in das Gemüse. Statt Schinken kann man auch kalten Braten oder scharfe kleine Bratwürstchen dazu reichen.

> **Mein Tip** Achten Sie darauf, daß die Tomaten reif und wohlschmeckend sind. Der Geschmack dieses Gerichts hängt von der Qualität der Tomaten ab.

Beilagen und Saucen zum Abrunden

Obwohl Beilagen in der französischen Alltagsküche nicht so sehr geschätzt sind, kann man damit doch manchmal ein Gericht erfolgreich abrunden. Oft genügt es, wenn man Gemüse der Saison, in Butter gedünstet, zum Essen reicht. Ein paar Spezialitäten zur Anregung habe ich Ihnen aufgeschrieben. Mit ihnen kann man zum Beispiel einem normalen Pfannengericht »echt französisches« Flair geben.

Das gleiche gilt für die Saucen. Sie sind oft das Tüpfelchen auf dem i bei einem sonst nicht sehr anspruchsvollen Gericht.

Ragoût basque

Baskisches Ragout

Ein Gemüsegericht, das zu vielen südländischen Fleischzubereitungen paßt. Natürlich eignet es sich auch als Vorspeise. Die Menge richtet sich danach, was man dazu, davor und danach ißt. Das Rezept ist für 4 Personen reichlich bemessen.

*750 g Auberginen · Salz · 2 Eßl. Olivenöl ·
750 g Tomaten · Pfeffer · 1 Bund Petersilie*
Pro Person etwa 120 Kalorien/500 Joule

- Zubereitungszeit: 45 Minuten
- Ruhezeit: mindestens 3 Stunden

So wird's gemacht: Die Auberginen waschen, in Scheiben schneiden, mit Salz bestreuen und mit einem Tuch bedecken. Ein paar Stunden stehen lassen. Nach dieser Zeit ist das überflüssige Wasser herausgezogen. •Die Auberginenscheiben abtropfen lassen und in der Hälfte des Öls braten. • Nach etwa 10 Minuten die Tomaten schälen, in Scheiben schneiden und in einem zweiten Topf mit dem Rest Olivenöl schmoren. • Nach weiteren 10 Minuten die Gemüse zusammenschütten, salzen, pfeffern und noch einmal 15 bis 20 Minuten schmoren lassen. •Die Petersilie waschen, hacken und über das Ragout streuen. Sofort servieren.

Paßt zu: Lammkoteletts oder Schnitzeln oder auch zur Lammkeule.

Artichauts à la crème

Artischocken in Sahne

Diese Art der Zubereitung eignet sich auch für andere Gemüse wie Karotten, Sellerieknollen und Schwarzwurzeln.

*4 Artischocken · 3 gestrichene Teel. Mehl ·
1 Tropfen Essig · Salz · 1 Eßl. Butter ·
1 Tasse Fleischbrühe (150 ccm) oder
Kalbsknochenbrühe · 1/10 l Sahne
(100 ccm) · 1 Eigelb · Pfeffer*
Pro Person etwa 205 Kalorien/860 Joule

- Zubereitungszeit: 35 Minuten

So wird's gemacht: Die Blätter der Artischocken um die Hälfte kürzen. Wasser zum Kochen bringen, die Artischocken 5 Minuten hineintauchen. Die Staubgefäße der Blüte entfernen. • 1 Teelöffel Mehl in einem Topf mit dem Essig, Salz und so viel Wasser verrühren, bis man genügend Kochwasser hat. • Das Mehl-Wasser mit den Artischocken zum Kochen bringen und die Artischocken bei mittlerer Hitze etwa 15 bis 20 Minuten garen. • Währenddessen in einem anderen Topf mit dem restlichen Mehl und der Butter eine Mehlschwitze bereiten, die Fleischbrühe angießen und das Ganze 10 Minuten köcheln lassen. • Die garen Artischocken abtropfen lassen, in eine Schüssel geben und die Sauce darübergießen. Die Sahne angießen und das Eigelb unterrühren. Salzen, pfeffern und sofort servieren.

Paßt zu: Fleischgerichten, zum Beispiel Koteletts oder Schnitzeln.

Purée Soubise

Kartoffel-Zwiebel-Püree

Kartoffelbrei – einmal anders und sehr pikant. Für dieses Rezept sollten Sie die großen Gemüsezwiebeln verwenden, die es inzwischen fast überall zu kaufen gibt.

500 g Kartoffeln · 500 g Zwiebeln · Salz · 1 Eßl. Butter · etwa $^1/_4$ l Milch · 2 Eigelbe
Pro Person etwa 250 Kalorien/1045 Joule

● Zubereitungszeit: 45 Minuten

So wird's gemacht: Die Kartoffeln waschen, schälen und würfeln, die Zwiebeln schälen und kleinschneiden. • Kartoffeln und Zwiebeln in Salzwasser geben und kochen, bis die Stücke sehr weich sind. • Den Topf vom Feuer nehmen. Das Wasser abgießen. Die Masse mit dem Kartoffelstampfer pürieren oder durch ein Sieb treiben. • Die Butter hineinrühren. Die Milch erhitzen und untermischen. (Die Menge richtet sich nach der Konsistenz der Masse.) Zum Schluß die Eigelbe unterziehen. Sofort servieren.

Paßt zu: Lammkoteletts.

Pommes de terre Dunkerque

Nordische Kartoffeln

Eine aparte und schmackhafte Art der allzu bekannten Pommes frites.

750 g kleine mehlige Kartoffeln · Salz · Fritierfett
Pro Person etwa 250 Kalorien/1045 Joule

● Zubereitungszeit: je nach Größe der Kartoffeln 15–30 Minuten

So wird's gemacht: Die Kartoffeln schälen und in Salzwasser kochen, bis sie halbgar sind. • Inzwischen das Fett im Fett-Topf heiß werden lassen und die Kartoffeln im heißen Fett fertiggaren. Mit Salz bestreut servieren.

Croquettes de pommes de terre

Kartoffelkroketten

750 g mehlige Kartoffeln · etwa 1 Tasse Milch · 1 Eßl. Butter · 4 Eigelbe · Fritierfett
Pro Person etwa 300 Kalorien/1255 Joule

● Zubereitungszeit: 35 Minuten

Der Fett-Topf findet in der französischen Küche oft Verwendung.

So wird's gemacht: Die Kartoffeln in der Schale kochen, pellen und mit dem Kartoffelstampfer zerdrücken oder durch ein Sieb treiben. • Die Masse 10 Minuten in den vorgeheizten Backofen geben und bei 220 °C etwas trocknen lassen. Wenn das Püree trocken genug ist, je nach gewünschter Konsistenz Milch angießen. • Den Topf auf die Kochplatte stellen und bei geringer Hitze die Butter und Eigelbe unterrühren. Die Masse fast kalt werden lassen. • Eine dreifingerdicke Rolle formen. Etwa 5 cm lange Stücke abschneiden, in Mehl wälzen und in schwimmendem Fett im Fett-Topf ausbacken.

Paßt zu: Wildbraten.

Pommes frites
Gebackene Kartoffelstäbchen

Des Franzosen liebste Beilage, obwohl nicht die delikateste. In Maßen genossen, sind Pommes frites jedoch nicht zu verachten, und deshalb sollen sie, der Vollständigkeit wegen, hier nicht fehlen.

750 g Kartoffeln · Fritierfett · Salz
Pro Person etwa 260 Kalorien/1090 Joule

● Zubereitungszeit: 25 Minuten

So wird's gemacht: Die Kartoffeln schälen und in gleichdicke Stäbchen schneiden. Ein Pommes-frites-Schneider erleichtert die Arbeit. Die Stäbchen mit Küchenkrepp abtrocknen. • Das Fett im Fett-Topf erhitzen, die Stäbchen zuerst vorbacken, abkühlen lassen und ein zweites Mal in das heiße Fett tauchen, bis sie goldbraun sind. • Abtropfen lassen und mit Salz bestreut servieren.

Paßt zu: Bifteck und anderen Pfannengerichten.

Pommes pailles
Strohkartoffeln

750 g Kartoffeln · Fritierfett · Salz
Pro Person etwa 260 Kalorien/1090 Joule

● Zubereitungszeit: 35 Minuten

So wird's gemacht: Die Kartoffeln schälen und mit dem Pommes-frites-Schneider vorschneiden. Dann die Stücke nochmals der Länge nach vierteln. • Im Fett-Topf das Fett erhitzen und die Stäbchen in 4 bis 6 Minuten ausbacken. • Abtropfen lassen, salzen und servieren.

Paßt zu: allen Fleischspeisen mit wenig oder gar keiner Sauce.

Aioli

Südfranzösische Knoblauchsauce
Bild 3. Umschlagseite

Dies ist eigentlich nicht nur eine Sauce, sondern ein Gericht. Da jedoch die Sauce domi-
niert und Fisch und Gemüse als »Beilagen«
erscheinen, habe ich sie unter die Saucen ein-
geordnet.

*1 eigroßes Stück Weißbrot ohne Rinde ·
4–6 Knoblauchzehen · 1 Eigelb ·
$^1/_2$ l Olivenöl · Salz · Pfeffer · etwas
Zitronensaft nach Geschmack*

● Zubereitungszeit: 30–45 Minuten

So wird's gemacht: Das Weißbrot in Milch
einweichen und gut ausdrücken. Die Knoblauchzehen schälen und zerquetschen. Das
Eigelb und den Knoblauch mit dem Brot mischen. ● Mit dünnem Strahl das Öl zugießen,
dabei ständig rühren, bis eine mayonnaiseartige Masse entsteht. ● Salzen, pfeffern, eventuell mit etwas Zitronensaft abschmecken.

Paßt zu: Karotten, weißen Rüben, Kartoffeln,
gekochtem Kabeljau als klassischen Bestand-
teilen eines Aioli-Gerichts.
Getrunken wird ein leichter roter provenzalischer Landwein.

> **Mein Tip** Sollte die Mayonnaise zu-
> sammenfallen, weitere 2 bis 3 Knob-
> lauchzehen zerquetschen, 1 Eigelb und
> mit dünnem Strahl ganz wenig Öl zu-
> fügen.

La rouille

Südfranzösische Pfeffersauce

Diese Sauce ißt man nur in kleiner Menge,
sonst verdirbt sie durch ihre Schärfe den Ei-
gengeschmack des Gerichts.

*1 Knoblauchzehe · 1 scharfe Pfefferschote ·
1 Scheibe trockenes Weißbrot ohne Rinde ·
$^2/_{10}$ l Olivenöl (200 ccm)*

● Zubereitungszeit: 20 Minuten

So wird's gemacht: Die Knoblauchzehe schälen und in einem Mörser zusammen mit der
scharfen Pfefferschote zerdrücken. ● Das Brot
einweichen, ausdrücken und mit dem Knoblauch und der Pfefferschote mischen. Das Öl
unter Rühren zugeben.

Paßt zu: Fischsuppe jeder Art.

Variante: 2 Eßlöffel selbstgemachte oder fertige Mayonnaise mit ein paar Tropfen Tabasco mischen, 1 Schöpflöffel sehr heiße Fischsuppe dazugeben. Schnell umrühren.

Sauce Cumberland mère Cathérine

Cumberlandsauce mère Cathérine

*2–3 Teel. scharfer Senf · $^1/_2$ Glas
Johannisbeergelee · 1 Spritzer Angostura ·
1 Spritzer Weinessig · Pfeffer · Salz*

● Zubereitungszeit: 10 Minuten

Die Erfindung eines verliebten Kochs sind die ▷
»Crêpes Suzette«. Rezept Seite 66.
Zum Bild auf Seite 64: Ein ganz besonderes Dessert ist »Mousse au chocolat«. Rezept Seite 65.

So wird's gemacht: Den Senf und das Johannisbeergelee mit dem Handrührgerät gut mischen. Die Sauce mit dem Angostura, dem Essig, Pfeffer und Salz abschmecken.

Paßt zu: allen Arten von Pasteten und kaltem Fleisch.

Sauce Béarnaise

Béarner Sauce

Dies ist wohl eine der bekanntesten Saucen der feinen französischen Küche. Ihre traditionelle Zubereitung lernte ich bei einem Freund in Paris. Ihr Name stammt von der ehemaligen Grafschaft Béarn in Südwestfrankreich.

3 Schalotten · 10–12 Estragonblätter · 1 Glas Weißwein (200 ccm) · $^1/_2$ Glas guter Weinessig (100 ccm) · 2 Eigelbe · Salz · $^1/_2$ Messerspitze Chillipulver · 50 g Butter · einige Tropfen Zitronensaft · 1 Eßl. gehackte Petersilie

● Zubereitungszeit: 40 Minuten

So wird's gemacht: Die Schalotten schälen und feinhacken. Die Estragonblätter waschen und ebenfalls sehr fein hacken. •Schalotten und Estragon zusammen mit dem Wein und dem Essig in einen Topf geben und so lange bei starker Hitze kochen lassen, bis die Flüssigkeit auf etwa $^1/_4$ reduziert ist. • Inzwischen die Eigelbe mit dem Salz und dem Chillipulver schlagen. $^1/_2$ Teelöffel von der Butter zufügen. Den Topf mit dem Schalotten-Estragon-Wein-Gemisch vom Feuer nehmen und die heiße Masse unter Rühren tropfenweise unter die Eigelbe

mischen. Die Butter in kleinsten Portionen nach und nach unterziehen. • Die Sauce durch ein Sieb in einen anderen Topf geben. Diesen Topf ins Wasserbad stellen (siehe Seite 12) und die Sauce so lange darin rühren, bis sie cremig geworden ist. Den Topf aus dem Wasserbad nehmen, den Zitronensaft untermischen und die Petersilie darüberstreuen. Lauwarm servieren.

Paßt zu: gebratenem und gegrilltem Fleisch.

Sauce piquante

Pikante Sauce

Eine klassische Sauce, mit der die französischen Hausfrauen gern Fleischreste vom Vortag warm servieren.

1 Eßl. guter Weinessig · Salz · Pfeffer · 1 Messerspitze getrockneter Thymian · 1 Lorbeerblatt · 1 Chillischote oder $^1/_2$ Messerspitze Chillipulver · 3 Eßl. Fleischbrühe

● Zubereitungszeit: 20 Minuten

So wird's gemacht: Den Essig mit Salz, Pfeffer, dem Thymian und dem Lorbeerblatt in einen Topf geben. Die Chillischote in einem Mörser zerreiben und dazugeben, Chillipulver sparsam untermischen. Das Gemisch bei mittlerer Hitze etwas einkochen lassen. Die Fleischbrühe zufügen und die Sauce so lange köcheln lassen, bis sie zu einem dickflüssigen Brei eingekocht ist.

Paßt zu: Fleischresten aller Art.

Süßes zum Schlecken

Wenn Vorspeise, Fleisch, Käse und Wein das ihre zum Wohlbefinden beigetragen haben, steht so manchem noch der Sinn nach etwas Süßem, das den Genüssen von vorher gewissermaßen die Krone aufsetzt. Ein paar Anregungen für deftige und leichte Süßspeisen finden Sie in diesem Kapitel.

Mousse au chocolat

Schokoladenschaum
Bild gegenüber

Dies ist die leichteste Mousse, die ich kenne. Wer es sich kalorienmäßig leisten kann, krönt sie mit Schlagsahne. Das sieht hübsch aus, muß aber nicht sein.

Zutaten für 6 Personen:
1 Tafel Blockschokolade oder 2 Tafeln Halbbitterschokolade (200 g) · 6 Eiweiße · 2 Teel. Puderzucker
Pro Person etwa 210 Kalorien/880 Joule

● Zubereitungszeit: 20 Minuten

So wird's gemacht: Die Schokolade mit wenig Wasser in einem kleinen Topf bei geringer Hitze (eventuell auf dem Rechaud) schmelzen lassen. • Die Eiweiße steif schlagen. Den Zucker zum Eischnee geben. Die dickflüssige Schokoladenmasse vorsichtig unter den Eischnee ziehen. • Auf Portionsteller verteilen und mit oder ohne Schlagsahne servieren.

Crème renversée au caramel

Karamelcreme

Dies ist nach Auskunft unserer Familie die Lieblingsnachspeise vieler französischer Familien. Unsere deutschen Freunde baten uns um das Rezept. Hier ist es.

Für 6 Personen:
1 Eßl. Butter · 7 gestrichene Eßl. Zucker · ¹/₂ Tasse Wasser · 6 Eier · 2 Päckchen Vanillinzucker · ¹/₂ l Milch
Pro Person etwa 240 Kalorien/1005 Joule

● Zubereitungszeit: 20 Minuten
● Garzeit: 40–45 Minuten

So wird's gemacht: Die Butter zerlassen, 5 Eßlöffel Zucker unter Umrühren darin schmelzen und kurz bräunen lassen. Das Wasser zugeben, die Karamelmasse glattrühren. Einkochen lassen, bis ein dicker Sirup entsteht. Den Sirup in 6 Cremeförmchen oder Tassen füllen. • Die Eier mit dem restlichen Zucker und dem Vanillinzucker verrühren. Die Milch zum Kochen bringen, über die Eier und den Zucker gießen. Gut verrühren. Die Masse auf die Schüsselchen mit dem Karamel verteilen. • Eine flache feuerfeste Schüssel mit Wasser füllen. Die Förmchen in das Wasserbad stellen. Auf kleinster Flamme entweder im Backofen (bei etwa 180 °C und geöffneter Ofentür) oder bei Schaltstufe 1 auf der Kochplatte 40–45 Minuten ziehen lassen. Das Wasser darf nicht kochen. • Wenn die Creme fest ist, die Förmchen herausnehmen und die Masse abkühlen lassen. Die Creme stürzen. Eventuell die Karamelschicht abheben, kurz in wenig heißem Wasser auflösen und wieder über die Creme-Portionen verteilen.

Crème brûlée

Creme mit gebranntem Zucker

Eine ganz einfache Creme für die, denen die Karamelcreme zu schwierig ist.

4/10 l Milch (400 ccm) · 10 Teel. Zucker · 1 Eßl. Wasser · 4 Eigelbe
Pro Person etwa 215 Kalorien/900 Joule

● Zubereitungszeit: 15 Minuten

So wird's gemacht: Die Milch erhitzen. ●In einem anderen Topf den Zucker in dem Wasser auflösen und so lange kochen lassen, bis er braun wird. Die heiße Milch unter Rühren dazugeben. Den Topf vom Herd nehmen. ●Die Eigelbe in einer Tasse verquirlen und in die kochendheiße Milch geben. Kräftig rühren, damit sich keine Klumpen bilden. ●Kühl stellen. Kalt servieren.

Clafoutis

Kirschspeise

Zugegeben, ich bin kein großer Freund süßer Nachspeisen, aber diese klassische Spezialität aus dem Limousin, der Landschaft nordöstlich von Bordeaux im westlichen Zentralmassiv, ist mir immer willkommen.

500 g schwarze Süßkirschen · 3 Eier · 2¹/₂ Eßl. Puderzucker · 4 gestrichene Eßl. Mehl · ²/₁₀ l Milch (200 ccm) · etwas Butter für die Form

Pro Person etwa 260 Kalorien/1090 Joule

● Zubereitungszeit: 30 Minuten
● Garzeit: 35 Minuten

So wird's gemacht: Die Kirschen waschen und entkernen. ●Die Eier mit 2 Eßlöffeln Puderzucker schlagen. Das Mehl und die Milch zufügen und gut vermengen, so daß ein fast flüssiger Teig entsteht. ●Die entkernten Kirschen in eine gebutterte feuerfeste Form geben, den Teig darübergießen. Die Form auf der mittleren Schiene in den vorgeheizten Backofen schieben und bei 220 °C etwa 35 Minuten backen. ●Nach etwa 20 Minuten Backzeit mit dem restlichen Puderzucker bestreuen. ●Auskühlen lassen. Kalt servieren.

Crêpes Suzette

Eierkuchen mit Grand Marnier
Bild Seite 63

Crêpes sind die Nationalspeise der Bretonen. Sie unterscheiden sich von unseren Eierkuchen dadurch, daß sie papierdünn sind. In der Bretagne bekommt man Crêpes an jeder Straßenecke mit Füllungen aller Art oder auch einfach mit Zucker bestreut oder mit Marmelade bestrichen. Crêpes Suzette sind in ganz Frankreich als delikate Nachspeise beliebt.

6 Eßl. Mehl · 2 Eier · ¹/₂ Teel. und 2 Eßl. Zucker · 1 Prise Salz · ¹/₄ l Milch · etwa 1 Teel. Olivenöl · 1 ungespritzte große Orange · 4 Eßl. Butter · 2 Gläschen Grand Marnier (4 cl)
Pro Person etwa 400 Kalorien/1675 Joule

- Zubereitungszeit: 40 Minuten
- Ruhezeit für den Teig: 2 Stunden

So wird's gemacht: Das Mehl in eine Schüssel sieben. In die Mitte eine Vertiefung drücken. 1 Ei in die Mulde geben. Das andere Ei in Gelb und Weiß trennen. Das Eigelb ebenfalls zu dem Mehl geben, das Eiweiß aufbewahren. Den 1/2 Teelöffel Zucker und das Salz zugeben. Den Teig gut durchmischen, ohne ihn zu stark zu kneten. Die Milch langsam zugeben, damit sich keine Klümpchen bilden. Der Teig soll dünnflüssig sein. Eventuell noch etwas Milch oder Wasser zugeben. • Den Teig 2 Stunden ruhen lassen. • Das Eiweiß schlagen und am Ende der Ruhezeit vorsichtig unter den Teig ziehen. • Etwas von dem Olivenöl in eine Pfanne mit sehr glattem Boden geben. Das Öl dünn über den Pfannenboden verteilen. Das Öl erhitzen. Je nach Größe der Pfanne so viel Teig in das heiße Öl geben, daß die Crêpe hauchdünn wird. Auf beiden Seiten hellbraun backen. Die fertige Crêpe zweimal zusammenfalten und warm stellen. Mit den restlichen Crêpes ebenso verfahren. • Die Orange gut abwaschen. Die Orangenschale reiben. Die Orange auspressen. • Die Butter in einer kleinen Flambierpfanne erhitzen, aber nicht braun werden lassen. Den restlichen Zucker zugeben und leicht karamelisieren lassen. Die geriebene Orangenschale und den Saft zugeben. Das Ganze erhitzen. Die Hälfte des Grand Marnier in die heiße Sauce geben. Die gefalteten Crêpes hineinlegen. Mit einem Schöpflöffel die Sauce darübergießen. Den restlichen Likör über den Crêpes verteilen und anzünden. • Nach dem Erlöschen der Flamme die Crêpes auf Portionstellern anrichten und mit der Sauce übergießen.

Tarte aux pommes à l'alsacienne

Deftiger Apfelkuchen

Dieser Apfelkuchen ist eine ideale Nachspeise nach leichten oder ein bißchen knapp bemessenen Gerichten.

Zutaten für 8 Personen:
Für den Teig: 125 g weiche Butter ·
125 g Puderzucker · 2 Eier · 250 g Mehl
Für den Belag: 2 gestrichene Eßl. Zucker ·
1/2 l Wasser · 8 säuerliche Äpfel
Für die Creme: 4/10 l und 2 Eßl. fettarme
Milch · 8 gestrichene Eßl. Zucker · 4 Eigelbe
Pro Person etwa 450 Kalorien/1885 Joule

- Zubereitungszeit: 70 Minuten
- Ruhezeit: 1 Stunde
- Garzeit: 40–45 Minuten

So wird's gemacht: Für den Mürbeteig die weiche Butter mit dem Puderzucker schlagen. Nacheinander die Eier zugeben. Die Masse gut durcharbeiten und das Mehl daruntermischen. Nicht mehr schlagen, sonst wird der Teig hart. Den Teig 1 Stunde in den Kühlschrank stellen. • Eine Springform mit dem Teig auslegen, den Rand hochziehen. In den vorgeheizten Backofen auf der mittleren Leiste einschieben und bei 220 °C 15 bis 20 Minuten vorbacken. • Inzwischen für den Belag den Zucker in dem Wasser auflösen und zum Kochen bringen. Die Äpfel schälen, entkernen und in Viertel schneiden. Kurz in dem kochenden Zuckerwasser aufwellen lassen. Abtropfen. Beiseite stellen. • Für die Creme 4/10 l Milch mit dem Zucker aufkochen. Die Eigelbe mit 2 Eßlöffeln Milch in einem breiten Topf schlagen, die kochende Milch dar-übergießen und das Ganze bei sehr kleiner Hitze unter ständigem Umrühren erhitzen, jedoch nie kochen lassen. • Auf den vorgebak-kenen Teigboden die abgetropften Äpfel legen. Die Creme darübergießen. Das Ganze noch einmal etwa 25 Minuten bei 220 °C bakken. • Abgekühlt servieren.

Gâteau basque

Baskischer Kuchen

Wie die Wiener essen auch viele Franzosen zum Nachtisch gern Kuchen. Er paßt gut zum Kaffee, der nach dem Essen fast überall gereicht wird.

Zutaten für 6 Personen:
Für den Teig: 1 Ei · 2 Eigelbe ·
200 g Zucker · 180 g weiche Butter ·
etwas abgeriebene Zitronenschale ·
300 g Mehl · 1 Prise Salz
Für die Füllung: 3 Eigelbe · 5 gestrichene Eßl.
Mehl · $^{1}/_{4}$ l Milch · 8 gestrichene Eßl.
Zucker · 1 Eßl. Butter
Pro Person etwa 650 Kalorien/2720 Joule

● Zubereitungszeit: $1^{1}/_{2}$ Stunden
● Ruhezeit: 1 Stunde
● Garzeit: 30 Minuten

So wird's gemacht: Das Ei und 1 Eigelb mit 200 Gramm Zucker schlagen. Die weiche Butter zufügen, ebenso die Zitronenschale. Nach und nach das Mehl und das Salz unterkneten. Den Teig 1 Stunde kühl stellen. • Währenddessen die Füllung zubereiten: Die Eigelbe in einen Topf geben und mit dem Mehl gut vermischen. • Die Milch mit dem

Zucker aufkochen, über die Eigelb-Mehl-Mischung gießen. Die Butter zufügen. Die Masse bei mittlerer Hitze zwei- bis dreimal aufkochen lassen. Kühl stellen. • Den Teig nach der Ruhezeit in zwei ungleich große Teile teilen. Den größeren Teil in eine Springform geben und am Rand hochziehen. Mit der abgekühlten Füllung bestreichen. • Aus dem kleineren Teil mit der Hand einen Deckel formen und auf die Füllung legen. Den Rand ringsum gut mit dem Deckel verbinden. Den Deckel mit dem restlichen Eigelb bestreichen und mit einer Gabel einstechen. • Bei 220 °C auf der mittleren Schiene im vorgeheizten Backofen 30 Minuten backen. • Kalt servieren.

Poires aux framboises

Birnen mit Himbeermus

Dieses köstliche Sommerdessert ist wunderbar erfrischend. Voraussetzung für das Gelingen sind sehr weiche, reife Butterbirnen.

4 Teel. Mandelsplitter · 500 g frische oder
tiefgefrorene Himbeeren · 1 Becher Vanilleeis
(500 ml) · 4 sehr reife Butterbirnen
Pro Person etwa 300 Kalorien/1255 Joule

● Zubereitungszeit: 20 Minuten

So wird's gemacht: Die Mandelsplitter rösten und abkühlen lassen. Die Himbeeren mit dem Küchenmixer pürieren. • Den Boden von 4 Portionsschälchen mit dem Eis bedecken. Die Birnen schälen, halbieren und auf das Eis legen. Das Himbeermus darübergießen. Die Mandelsplitter auf den Himbeeren verteilen. • Sofort servieren.

Tarte des demoiselles Tatin

Apfelkuchen mit Karamel

Dieser köstliche Apfelkuchen, der »verkehrt herum« gebacken wird, stammt ursprünglich von zwei Schwestern, den Fräulein Tatin, die ein Gasthaus auf dem Lande betrieben. Unerläßlich für das Gelingen ist eine Pfanne mit dickem Boden, für die hier angegebene Menge sollte sie etwa 20 cm Durchmesser haben.

Zutaten für 6 Personen:
Für den Teig: 250 g Mehl · 125 g weiche Butter · 1 Ei · 1 Prise Salz · 1 gestrichener Eßl. Puderzucker · 1½ Eßl. kaltes Wasser
Für den Belag: 11 gestrichene Eßl. Puderzucker · ½ Glas Wasser (0,1 l) · 1 kg große festfleischige säuerliche Äpfel · 120 g Butter
Pro Person etwa 710 Kalorien/2970 Joule

- Zubereitungszeit: 45 Minuten
- Ruhezeit: 1 Stunde
- Backzeit: 20–25 Minuten

So wird's gemacht: Für den Teig das Mehl in eine Schüssel sieben, in die Mitte eine Mulde drücken. Die Zutaten nacheinander hineingeben und mit den Fingerspitzen vorsichtig darunterarbeiten. Nicht zu stark kneten. Zum Schluß den Teig mit dem Handballen zweimal kräftig durchwalken. • In einem Tuch mindestens 1 Stunde ruhen lassen. • Inzwischen in eine Pfanne mit dickem (!) Boden 10 Eßlöffel von dem Puderzucker streuen, so daß er eine etwa 1 cm dicke gleichmäßige Schicht ergibt. Mit dem Wasser anfeuchten. Die Äpfel schälen, die Früchte vierteln, die

Kerngehäuse entfernen. Die Äpfel auf dem Zucker verteilen. • 100 g Butter zum Schmelzen bringen und gleichmäßig über die Äpfel verteilen. Langsam erhitzen. Dabei die Früchte immer wieder umwenden, damit sie sich ringsherum mit der nun entstehenden Karamelmasse vollsaugen. Wenn die Äpfel halb gar sind, die Pfanne vom Herd nehmen. Die Äpfel leicht anheben und den Rest der Butter darunterschieben. Die Äpfel wieder gleichmäßig verteilen. Mit dem restlichen Puderzucker bestreuen. • Den Mürbteig sehr dünn ausrollen. Die Apfelmasse damit belegen. • Im auf 200° (Gas Stufe 3) vorgeheizten Backofen 20–25 Minuten backen. • Nach Beendigung der Backzeit das Gebäck mit Hilfe eines Tellers oder Deckels umdrehen, so daß der Teig sich jetzt unten befindet. Die Äpfel, wenn nötig, mit einem breiten Messer noch etwas festdrücken. • Dieser Nachtisch schmeckt heiß, lauwarm oder kalt gleich gut.

Variante: Mit tiefgefrorenem Blätterteig zubereitet, gelingt dieses Gericht noch leichter. Die Blätterteigplatten müssen Sie allerdings vorher zumindest antauen lassen. Dann können Sie sie dünn ausziehen.

GU Küchen-Ratgeber

Alles, was gut schmeckt!
Tolle Rezepte von gestern
und heute. Die beliebten
Küchen-Ratgeber – zum
Sammeln wie geschaffen.
Jeder Band mit 56–72 Sei-
ten, 10–25 Farbfotos,
vielen Zeichnungen,
Paperback.

Wählen Sie aus:

- Köstliche Aufläufe
- Backen nach Großmutters
  Art
- Selber Brot backen
- Köstliche Ei-Gerichte
- Selber einmachen

- Köstliche Eintöpfe aus aller
  Welt
- Köstliche Fisch-Gerichte
- Reizvolle Fleisch-Rezepte
- Reizvolle Fondue-Rezepte
- Köstliche Geflügel-Gerichte
- So schmeckt's vom Holz-
  kohlengrill
- Reizvolle Rezepte mit Käse
- Reizvolle Kartoffel-Gerichte
- Kochen mit Knoblauch
- Küchenkräuter selbst
  gezogen
- Köstliche Lamm-
  Spezialitäten
- Mixgetränke – mit und
  ohne Alkohol
- Nudel-Variationen
- Das praktische Pilz-
  Kochbuch
  - Pizza, Calzone und
    Focaccia

- Plätzchen selbst gebacken
- Köstlichkeiten mit Quark
  und Joghurt
- Raffiniert würzen – leicht
  gemacht
- Reizvolle Rezepte für
  1 Person
- Bunte Salate mit
  Variationen
- Köstliche Saucen selbst
  gemacht
- Gutes aus dem Schnell-
  kochtopf
- Toast raffiniert
- Kochen mit Tomaten
- Vollkorn-Rezepte
- Wildgerichte – leicht
  gemacht
- Köstliches aus dem Wok
- Kochen mit Zwiebeln
- Chinesisch kochen – leicht
  gemacht
- Echt französisch kochen
- Echt griechisch kochen
- Indonesisch kochen – leicht
  gemacht
- Echt italienisch kochen
- Echt provenzalisch kochen

GU Gräfe und Unzer

Rezept- und Sachregister

Rezept- und Sachregister

Eine Sauce für Liebhaber nicht alltäglicher Genüs- ▷
se: »Aioli«, Rezept Seite 61.